KİNSUN

HAYATI SESSİZE ALMA VAKTİ

DESTEK
yayınları

DESTEK MEDYA GRUBU

DESTEK YAYINLARI: 1566
KİŞİSEL GELİŞİM: 262

KİNSUN / HAYATI SESSİZE ALMA VAKTİ

İmtiyaz Sahibi: Yelda Cumalıoğlu
Genel Yayın Yönetmeni: Ertürk Akşun
Yayın Koordinatörü: Özlem Esmergül
Editör: Devrim Yalkut
Kapak Tasarım: Sedat Gösterikli
Sayfa Düzeni: Cansu Poroy
Sosyal Medya-Grafik: Tuğçe Budak - Mesud Topal

Destek Yayınları: Şubat 2022
Yayıncı Sertifika No. 13226

ISBN 978-625-441-570-8

Abdi İpekçi Caddesi No. 31/5 Nişantaşı/İstanbul
Tel. (0) 212 252 22 42
Faks: (0) 212 252 22 43
www.destekdukkan.com
info@destekyayinlari.com
facebook.com/DestekYayinevi
twitter.com/destekyayinlari
instagram.com/destekyayinlari
www.destekmedyagrubu.com

Destek Dukkan

Deniz Ofset – Çetin Koçak
Sertifika No. 48625
Maltepe Mahallesi
Hastane Yolu Sokak No. 1/6
Zeytinburnu / İstanbul
Tel. (0) 212 613 30 06

DESTEK yayınları KARAKARGA BEYAZ BAYKUŞ genç DESTEK

HAYATI SESSİZE ALMA VAKTİ

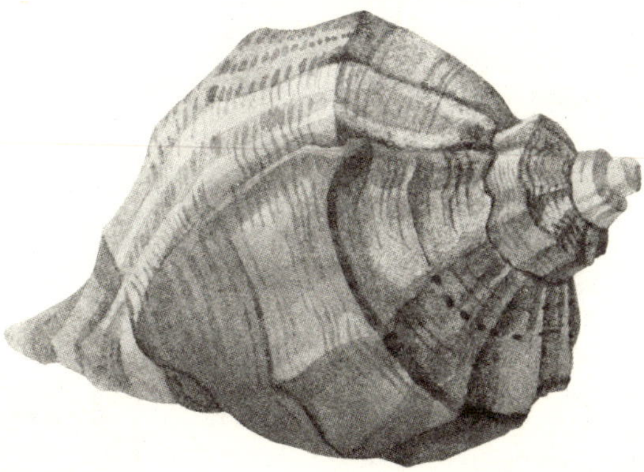

KİNSUN

DESTEK yayınları

İÇİNDEKİLER

Audi, vide, tace, si vis vivere

Bir çay koy kendine, aç kitabını.
Mutluluğa dal.
Kimseden fayda yok
kitaplardan olduğu kadar.
Audi, vide, tace, si vis vivere.
Dinle, gör, sus, eğer yaşamak istiyorsan.
Okumaya başla...
Ve hayatı sessize al.

Yeni bir güne uyandım

Yeni bir güne uyandım.
Başımı sokacak bir yerim var.
Giyecek kıyafetlerim var.
İçecek suyum, yiyecek aşım var.
En önemlisi sağlığım yerinde.
Sevenlerim ve sevdiklerim yanımda.
Hayat çok güzel.
Ve daha da güzel olacak, inanıyorum.
Olana da, olmayana da şükrediyorum.

İnsanı ateş değil, kendi gafleti yakar.
Herkeste kusur görür, kendisine kör bakar.
Neye nasıl bakarsan, o da sana öyle bakar.

– Rumi

Siyah noktalarınızdan kurtulun

Profesör sınıfa girer ve öğrencilere hazırlıksız bir sınav yapacağını söyler. Öğrencilerden birini çağırır, elindeki kâğıtları uzatır ve herkesin masasına sorular gözükmeyecek şekilde birer adet dağıtmasını ister ve ekler:

"Evet arkadaşlar, kâğıtları çevirebilirsiniz. Süreniz on dakika. Başlayın."

Öğrencilerin yüzlerindeki gerginlik yerini şaşkınlığa bırakmıştır. Sınav kâğıdında tek bir soru bile yoktur çünkü! Kâğıdın ortasında siyah bir nokta bulunmaktadır sadece.

Profesör karışıklığı gidermek için:

"Kâğıtta ne görüyorsanız tek cümle ile açıklamanızı istiyorum" der.

Sürenin sonunda kâğıtları toplar ve verilen cevapları sesli bir şekilde okur. İstisnasız tüm öğrenciler kâğıdın ortasındaki siyah noktayı tarif etmiştir.

Profesör öğrencilere döner:

"Bu sınava elbette not vermeyeceğim. Hepiniz siyah noktaya odaklanmışsınız. Hiçbiriniz kâğıdın üzerindeki boş beyaz alanı fark etmemişsiniz. Hayallerinizi, ümitlerinizi, sevdiklerinizi yazabileceğiniz, o koca beyazlığı görmemişsiniz bile."

Hayat da bundan ibaret aslında sevgili dostlarım. Yaşam adını verdiğimiz bu engin beyazlık içerisinde elbette irili ufaklı siyahlıklar oluyor. Biz ise dikkatimizi ve enerjimizi sadece küçük, nokta gibi hatalara ve hayal kırıklıklarına veriyoruz. Bir bakıma da bu siyah nokta geçmişte yaşanılan olumsuzluklar, pişmanlıklar, hayal kırıklıkları, korkulardır ve kâğıdın boş yerleri de bizim tasarlayacağımız tertemiz bir gelecektir.

Neysek oyuz biz. Maddi yönüyle: *"Ne yersek oyuz."* Manevi yönüyle de: *"Ne düşünüyorsak oyuz."* Zaten ne iseniz hayat önünüze onu getirir, ne isterseniz değil.

3D kuralı vardır: "Düşünceler duyguları, duygular davranışları doğurur." Her şey düşünceyle başlar. Düşüncelerimiz konuşmamıza, konuşmamız davranışımıza, davranışlarımız kaderimize yansır.

Aslına bakarsanız duygu ve düşüncelerimizin bize yansıması denizle dalganın ilişkisine benzer. Dalgalar nasıl ki denizin özü değilse, duygu ve düşüncelerimiz de bizim özümüzü oluşturmaz. Onlar sadece hayata ufak ayrıntılar katan aksesuvarlardır. Duygu ve düşüncelerimizden öte bir "öz" var içimizde ve biz siyah noktalara odaklanarak hayatı ıskalıyor, özü yakalamakta başarısız oluyoruz.

Kişisel gelişim diyelim adına ya da hayatı hakkını vererek yaşamak diyelim. Ya da başka bir şey. Keşke birkaç yüz sayfa motivasyon yazıları okuyarak gerçekleştirilebilse umutla beklediğimiz gelecek. Ama o kadar kolay değil. Hiçbir başarı gökten zembille inmez, bedelsiz başarı yoktur çünkü. Her zafer yorucu çabalar sonucunda gelir. Hangi aşamada olursa olsun, ahlaki değerler dışındaki gelişim gerçek gelişim değildir. İnsani değerlerimizi unutturan başarı, başarı değil en büyük kayıptır. İnsanın serveti yanında huzur bulduklarında saklıdır ve temiz bir gelecek de temiz bir kalpte saklı.

Size bu kitapta da büyük şeyler vaat etmiyorum dolayısıyla. Ama şuna söz verebiliyorum. 10. sayfaya dönüp tekrar baktığınızda büyük beyaz alana küçük siyah noktadan daha çok değer vereceksiniz.

Zaten yaşam, her ikisinin de farkında olduğumuz zaman daha anlamlı olmaz mı?

Sonra bir sessizlik oldu
Sonra bir yüzyıl kadar uzun bir an geçti.

– Erdem Bayazıt

Hayatı sessize alma vakti

"Her felaketin iki ilacı vardır: zaman ve sessizlik" der Alexandre Dumas, *Monte Cristo Kontu*'nda. Her şeyi anlatacağımız, anlayacağımız ortak bir dildir sessizlik. Kaçırdığımız her anın şahididir bir nevi. Hayatın ezgilerinde, sevgiliyi görünce hızlanan kalp atışında, yağmurun toprağa karıştığı anda huzuru bulamayan insan hayatı anlamsız bulur, çünkü kalabalık içinde kaybolmuştur.

Yalnız olduğumuz aşikâr, yalnız doğup bu hayata yalnız veda edeceğimiz de öyle. Arada ise koca bir kalabalık var yaşama karışan. Ve kalabalığın her şeyi bastıran gürültüsü var.

Emrivakiler var, emirler var. Her ağızdan bir ses çıkar, herkes müdahale etmeye çalışır. Bu gürültü fazlasıyla yorar hem de. Bir süre sonra sana sahip çıkmaya başlarlar; sanki senin sözlerinmiş, sanki senin hislerinmiş gibi üzerine yapışırlar. Herkesten bir parça kalır; sen, sen olmaktan çıkarsın. Kaybolursun, kendin olmayı unutursun hatta.

Hayatına müdahil olanların eleştirilerine öylesine maruz kalırsın ki ne hayatını kutlayabilirsin ne de hayatı kutlayanlardan ilham alabilirsin.

Ama öyle kolay bir eylem, daha doğrusu eylemsizlik değildir sessiz kalmak, kendinle yüzleşebilmek. Kaçar, kalabalığın gürültüsünü ararsın. Evde tek başına kalmaya korkan çocuklar kadar ürkek, hep birileri olsun istersin yanında her şeye rağmen.

Dürüst olamadık hiçbirimiz, biçimsellikle meşguldük çünkü. Sen de öyle. Ne sahiden yaşayabildin, ne sevebildin, ne de mutlu olabildin. Nefretlerin bile sahteydi. Hepsinden öte kendine dürüst olmayı erteledin.

Aslında birkaç dakika bile olsa sessiz kalmayı başarabilsen, birkaç adım geriye çekilip kendi başına kalabilsen tüm hayatın değişecek. Yaşamak başlı başına bir gizemdir, sessizliğin de arkasında büyük bir gizem vardır, inan bana.

Tek istediğim biraz sessizlik
ve başımı kendi omzuma
yaslayıp öylece kalabilmek.

John Cage'i hatırlar mısın? Önemli bir müzisyen. Bence de müzik filozofu. 4'33 (Dört Dakika Otuz Üç Saniye) isimli eserini dinlemeni öneririm. Kalabalık içinde kaçırdığın nimetlerin farkına varabilmek adına ufkunu açabilir belki. Neden mi?

Cage piyanonun kapağını açıyor, boş nota defterini önüne koyuyor ve 4 dakika 33 saniye boyunca piyanonun başında sessizce oturup kapağı kapatıyor sürenin sonunda.

O sessizlik içinde hayat akıp gidiyor işte. Kuş sesleri, yaşlı bir adamın öksürük sesi, bir kadının ayakkabısının topuk sesleri, rüzgârın fısıldaması yaklaşık beş dakikalık sessizliğe karışıyor. Sonunda sanatçı yerinden kalkıyor, herkes alkışlıyor ve dağılıyorlar. İronik ama koca bir gün belki de koca bir hafta, insanlar sadece o sürede içseslerine kulak verebiliyor, kendileriyle baş başa kalıyor, koşuşturmalar arasında bir nefes alıp sessizliğin sesini dinleyebiliyorlar. Sanatçı da dinleyiciler de...

Terapist sessizliği dediğimiz bir kavram da var örneğin ve terapistler de bu sessizlikten güç alırlar. Terapiye gidenler çoğu zaman zaten sınırlı bir süre için katıldıkları bu görüşmenin uzunca bir bölümünün sessizlik içinde geçmesine anlam veremez. Halbuki dinlemek de çok zor bir sanattır. Terapistler danışanların karşısında sessiz kalabilmek için yıllar süren eğitim alırlar. Danışanın sessizlikten güç almasına imkân tanırlar.

Sen de güzel okuyucu, Dante'ye rehberlik eden Romalı şair Vergilius'u hatırla. Dante'ye ne yapacağını emretmeyen, yalnızca yol arkadaşlığı yapan rehber Vergilius'u.

Sen de kendi danışanın ol, kendine rehberlik et ve biraz inzivaya çekilip sessizlikten güç al, olur mu? Sırtına binen onlarca yükten, zihnini bulandıran düşüncelerden, seni sana gurbette bırakan her şeyden uzaklaşıp, kendine bir format atma şansı ver. Geçmişinde yaptıklarını, şimdini ve geleceğe taşımak istediklerini sor kendine. Kendinle baş başa kalmak korkutucu olduğu kadar heyecan verici de olabilir. Hoşuna gitmeyecek türden şeyler de çıkacak belki karşına, seni sana hayran bırakacak şeyler de. Sessiz kal ve müziğin sesine kulak ver. Kendinden yeni bir şarkı bestele, sadece senin bildiğin bir şarkı olsun gerekirse. Müziğin sesini aç ve dans et, değişimini fark et.

Hadi, hayatı sessize alma vakti.

Travma

Eski Yunancada **τραῦμα,** yani "yara" sözcüğünden alıntıdır. Yunanlılar bu terimi yalnızca fiziksel anlamda kullansalar da, yeni Latincede **trauma** artık duygusal yaralanmaları da kapsar.

Acınasıdır ki:

Eski Yunancada **trōgō** (kemirmek)

Latincede **terere** (kemirmek)

Ermenice **թուր** (mızrak) da aynı kökten gelmektedir.

Manidar değil mi?

Birbirleriyle fazla alakalı...

Bu hep böyledir.
İnsanlar kendi yaptıkları onlarca hatayı çuvala basar.
Senin en küçük yanlışını duvara asar!

3 Doğru 1 Yanlışı Götürürse

Müdür bey bir gün mesainin hemen başında odasına çağırdı beni.

"Lafı çok uzatmayayım. Sedat çok fena hastalanmış. Sesi de bayağı kısılmış zaten. İzin istedi benden, hastaneye gitti. Yarın onun vermesi gereken bir konferans var. Konu neydi? Hah! Hata yapmak, özgüven falan filan... İptal de edemeyiz bu saatten sonra. Dolayısıyla senin ellerinden öper. Hiç gerilme. Zaten önden bir hazırlık da yapmış, sana vereceğim onları. Bakarsın..."

Kabul eder miyim sizce? Olacak iş mi, düşünsenize! Yumurta kapıya dayanmış. Hazırlık yapmak için yeterli zaman da yok. Vurdum elimi masaya dedim ki:

"Tabii müdür bey, emriniz olur. Ben bu akşam hazırlıklarımı yaparım, yarın sorunsuz bir şekilde konferansı tamamlarız."

Ne kadar özgüveniniz, bilgi birikiminiz olursa olsun, bu tarz ani gelişen durumlarda insan yine de heyecanlanıyor. Katılımcıların hepsi üniversite mezunu ve motivasyon bekleyen yeni çalışanlar olunca, bir başlangıç programı dahilindeki bu konferanslar daha büyük bir önem kazanıyor.

Salona yavaş adımlarla girdim ve ilk cümlem şu oldu: "Sevgili katılımcılar, aslında bu konferansı Sedat Bey verecekti. Ufak bir rahatsızlık geçirdiğinden dolayı sizlere ben eşlik edeceğim birkaç saat. Durum ani geliştiği için hazırlık da yapamadım. Lütfen kusura bakmayın. Konferansın konusuna hâkim dostlarım varsa katkı da sağlayabilirler. Beyin fırtınası her zaman iyidir. Var mı acaba gönüllü?"

Çıt yoktu!

"E o zaman süreyi de verimsiz geçirmemek adına sizlere iş gezileri maksadıyla gittiğim ülkelerden, biriktirdiğim anılarımdan ve tecrübelerimden bahsedeyim. Yeni işe başlayanlar olarak sizlere de katkısı olur. Ne dersiniz?"

Bu sırada müdürün surat ifadesini görmeliydiniz. Konferanslar çoğu zaman sıkıcı gelmiştir katılımcılara. Dolayısıyla tüm yeni çalışanlardan "Olur! Süper olur!" uğultusunu duymam çok zaman almadı.

"Örneğin..." dedim. "Dünyanın nüfus bakımından en küçük ülkesi olan Pitcairn Adaları'na kesin uğrayın arkadaşlar. Başkenti Adamstown'dır. Görülmeye değer...

Curacao da çok ilginç bir ülkedir. Başkenti Willemstad. Karayip Denizi'nin güneyinde çok tatlı bir yer...

Burundi Cumhuriyeti'ni bilmeyen yoktur aranızda. Dünyanın en fakir ülkeleri arasında yer alıyor. Bir yardım kampanyası için gitmiştim. Dünyanın en derin ikinci gölü bulunuyor burada. Adı, Tanganyika. Kesin görmelisiniz. Bu arada yardım maksadıyla Afrika'da herhangi bir ülkede bulunan var mı arkadaşlar?"

Çıt yok! İzleyenlerin gözlerinden okuyabiliyorum. Büyük bir çoğunluk belki de ilk kez duyuyor bazı yerleri. Tahmin ediyorum. Kafalarında onlarca cümle ile dinliyorlar beni. Yok artık! Adam nerelere gitmiş be! Hayalimizdeki hayatı yaşıyorsun vallahi!

Curacao diye ülke mi vardı? Burundi'ye mi gittin? Atma Recep, din kardeşiyiz... Ben devam ediyorum bu sırada:

"Guernsey de muhteşem bir ülke. Başkenti Saint Peter Port. Adanın en önemli özelliği ise Victor Hugo'nun sürgün edildiği evin burada bulunması bana göre. Ünlü Fransız yazarın *Sefiller* romanını Hauteville House'da yazmış olmasından dolayı burası benim için ayrı bir öneme sahip.

E bir de Roma var. Ah o Âşıklar Çeşmesi hele. İspanya'nın gözbebeği. Muhteşem tarihiyle, pizzasıyla ve birbirinden lezzetli makarna çeşitleriyle ünlü biliyorsunuz..."

Bunu dememe kalmadı, bir uğultu başladı salonda. Duymazlıktan geliyorum ama. Bıyık altında gülümsemelere şahit oluyorum bazı arkadaşlarda. Hiç bozuntuya vermeden devam ediyorum.

"Yolunuz İspanya'ya düşerse kesinlikle Roma'ya da uğrayın!"

Konuşmayı bitirdiğimde neredeyse herkes en son cümlemde yapmış olduğum hata yüzünden bana gülmekteydi. Onlarca el havaya kaldırılmıştı. Dakikalardır sessiz sedasız bir şekilde konuşmamı dinleyenler söz almak için hevesliydiler. Uyumamak için kendini zor tutan bazı arkadaşların da gözleri fal taşı gibi açılmıştı. Herkesin sessiz olmasını bekledim bir süre ve ekledim:

"Heyecana gerek yok gençler. Son cümlelerimi kasıtlı olarak hatalı kurdum. En ufak bir hatanızda çevrenizdekilerin size nasıl davranacağını göstermek için! Hiçbiriniz genel kültürüm çok iyi olduğu ya da edebiyat âşığı olduğum için beni övmedi. Hiçbiriniz Afrika'ya gidip yardım kampanyalarında bulunduğum için tebrik de etmedi ama birçoğunuz yapmış olduğum tek hata için bana güldünüz, beni yargıladınız belki de. Onlarca doğru bir yanlışın üstünü örtemedi.

Bu hep böyledir. İnsanlar kendi yaptıkları onlarca hatayı çuvala basarlar. Sizin en küçük yanlışınızı duvara asarlar!

Rekabet dürtüsüyle yetiştirilen çocuklarımızın bilinçaltına hep 3 yanlışın 1 doğruyu götüreceği yerleştiriliyor. Bu da rakiplerini düşman olarak görmeye meyilli, hata yapmaktan korkan, özgüveni düşük, karşısındaki insanın başarısına sevinmekten imtina eden bireylerin varlığını tetikliyor. Özellikle iş yaşamınızda sizleri çekemeyen iş arkadaşlarıyla, başarılarınızı takdir etmediği gibi, en ufak hatanızda sizi eleştiri bombardımanına tutan patronlar ile çalışacaksınız.

Biliyor musunuz, bir kartala saldırabilme cesareti olan nadir kuşlardandır kargalar. Kaliforniyalı fotoğraf sanatçısı Phoo Chan'in yakaladığı muhteşem karede de gördüğünüz gibi kartalın üstüne çıkarak boynunu ısırmaya çalışıyor. Ancak kartal karga ile savaşmaz; zaman veya enerjisini israf etmez. Yaptığı tek şey kanatlarını açıp gökyüzünde yükselmeye başlamaktır. Kartal irtifa kazandıkça, karganın nefes alması giderek zorlaşır ve karga oksijen azlığından dolayı sersemler ve düşer. Avcı kuşların en büyüğü olan kartallar, sürekli diğer kuşlar tarafından taciz edilir aslında.

Sizler de hayatınızdaki kargalarla vakit kaybetmeyin. Onları yükseklere çıkarın ve müsait bir yerde bırakıp yolunuza devam edin. Bırakın gerisini onlar düşünsün. Hayatınızın her alanında size önerebileceğim ilk şey şu olabilir ancak:

Konuşmadan önce düşünün.

Zannetmeden önce öğrenin.

Eleştirmeden önce anlayın.

Yargılamadan önce hissedin.

Hayatınızdaki insanların 3 doğrusunun 1 yanlışlarını götürmesine müsaade edin.

Ve kargalar ile vakit kaybetmeden yükselmeye devam edin.

Evet, herkes uyandıysa konferansa başlayabiliriz..."

Dervişe sordular:

"Huzur ve sakinlik için ne yapmalı?"

Derviş dedi ki:

"Kin beslemeyi bırak, kalbin sevgiyle dolsun.
Fazlalıkları bırak, sadelik senin olsun.
Beklentileri bırak, belirsizlikler kaybolsun.
Endişelenmeyi bırak, bugünün huzur bulsun.
Geçmiş kuruntuları bırak, geleceğin şifa bulsun."

Ne demiş şair:
"İnsan beşer, durmaz şaşar
Eyler hata, üçer beşer
Düz ovada yürür iken
Ayağını sürter düşer."

Yangluk musun, yalnguk mu?

Şimdi diyeceksiniz ki bana: "Tamam, ben elimden geldiğince insanlardaki iyilikleri görmeye çalışıyorum. Ama bana karşı öyle davranılmıyor. Hep hatamı bulup yüzüme vurmaya çalışanlarla dolu çevrem." Bunun da var bir çaresi elbet.

Biraz eskiye gidelim mi? Kendisine sağdan yaklaşan şeytanın vesveselerine kanan ve hikmeti hakkında bilgi sahibi olmadığı bir konuda Allah'ın bir emrine uymayan Hz. Âdem'e kadar eskiye. Hz. Havva ile birlikte, yaptıklarından derin bir pişmanlık duyarlar ve vahiy yoluyla Rabb'inden öğrendikleri birkaç kelime vesilesiyle O'na istiğfar ederler, Allah da tövbelerini kabul eder. Hatalarını fark edince, nefislerine karşı koyarlar, kendilerini aklamaya çalışmadan hemen tövbe ederler. Bu tövbelerinde hatayı hafife alma laubaliliğinin aksine pişmanlık vardır.

Yaratılış kıssası dinlere göre bazı farklılıklar gösterse de olayın özünde –ister hata diyelim ister günah– şu bir gerçek: İnsan, hata yapmaya meyyal olarak yaratılmıştır.

Şimdi de yaklaşık onuncu yüzyıl civarlarına gelelim. Oğuz Türkçesinde, örneğin, insan kelimesinin karşılığı "yalnguk" idi. İşte, sözde, benzeri şeylerde ve yerlerde yapılan yanlışlık ve hata anlamına gelen kelime ise "yangluk" idi. Bu bir tesadüf olabilir mi? Bin yıl öncesinden günümüze ışık tutan *Kutadgu Bilig*'de Yusuf Has Hacib şöyle diyor:

"İnsana 'yangluk' (yanılan) adı çok yanıldığı için verilmiştir. Yanılmak, insanla beraber 'yalnguk' (insan) için yaratıldı."

Kendi hayatını bir hatalar ansiklopedisi olarak tasvir eden Borges diyor ki: "Bir beyefendi sadece yenilgiyle sonuçlanacak şeylerle ilgilenmeli." Cioran da onu destekliyor adeta: "İçsel arayışa eğilimi olan kişiyi şundan tanırız: Başarısızlığı her türlü başarıdan üstün tutar. İçsel bir ilerleme için başarısızlık elzemdir."

Hangi dönemde olursa olsun ortak bir paydada buluşuyoruz. Hatasız insan zaten yok, bize biraz samimiyet lazım. İki taraf için de. Neden buraya onlarca kelime yazabilecekken sadece samimiyet? Çünkü önemli olan kendini samimiyetle eleştirmek, affettirebilmek ve karşı taraf için affedebilmek, gidişattan ders çıkarıp en azından aynı hatalar ile bir daha karşı karşıya kalmamak ve son nefeste "Her şeye rağmen hayat güzeldi" diyebilmektir. Ama günümüzde pek bir önem arz etmiyor bu. Konu hata yapan kişinin pişmanlık duyması ile bitmiyor. Asıl sınav etrafınızdakilerin bu hatayı öğrenmesi ile başlıyor.

Samimiyet her şeyden önce gelmeli diyorum çünkü insanlar yapılan hata her ne ise her fırsatta yüzümüze vurmaktan asla çekinmiyorlar. Kimse "Neden?" diye sormuyor. En iyi yaptığımız işlerden biridir ya, hemen hüküm vermeyi seçiyorlar.

Çünkü onlar her zaman haklılar! Samimiyet her şeyden önce gelmeli diyorum çünkü bu insanların geçmişini bir deşecek olsanız yüzünüze bakacak yüz bulamazlar. İşte bu yüzden hata yapmak hiç sorun değil. Asıl sorun çevredekilerin samimiyetsiz yaklaşımıdır bana kalırsa.

Latince bir deyiş var:

"Errare humanum est perseverare diabolicum."

"Hata yapmak insanlara mahsustur; hatayı tekrar yapmak ise şeytanlara" der. Aynı hatayı iki kez yapamaz insan. Çünkü ikinci kez yaptığınızda bunun adı hata değil tercih olur. Zaten, hayatta yapılabilecek o kadar çok hata var ki aynısını yapmak için hiçbir sebep yok.

Şimdi gelelim kuru fasulyenin faydalarına: Hata yapmanın neresi iyi?

1. Başarı hataları sever.

Başarıya giden yolda size sonuna kadar eşlik edecek en önemli adımlardan biri bolca hata yapmak ve hatalardan ders çıkarmaktır.

Hataların, başarı kadar önemli olduğunu çok iyi bilenlerden biri de Da Vinci idi. Onun 7 temel prensibinden biri olan "dimastrazione"de (diğerleri: curiosita/merak; sensazione/hissetme; sfumato/pus; arte scienza/bilim ve sanat; corporalita/vücudi olma; connessione/ilişkilendirme) öğrenmenin tek başına yeterli olmadığını, öğrenilen her şeyin denenmesi ve tecrübe edilmesi, hatalar yapılması, bu hatalardan ders çıkarılması ve doğruluğu hakkında ondan sonra yorum yapılması gerektiğini vurguluyor.

2. "Keşke"lerin yerini "İyi ki"ler alır.

Bir kere yaptığınız hatalar için duyduğunuz pişmanlık zamanla geçer, fakat hata yaparım korkusuyla gerçekleştiremediğimiz şeyler için duyulan pişmanlığın çaresi yoktur. Geriye dönüp baktığınızda arkanızda "keşke"ler bırakacağınıza aklınızdakileri hayata geçirmelisiniz.

3. Korkunun ecele faydası yoktur.

Bir köylü derme çatma bir kulübenin önünde çıplak ayaklarıyla oturmuş sigarasını içiyordu. Civardan geçen bir yolcu, bir bardak su istemek için köylünün yanına gitti. Sohbet etmeye başladılar:

"Pamuk nasıl, hasat başladı mı?" diye sordu yabancı.

"Pamuk ekmedim bu sene" dedi köylü.

"Peki, mısır nasıl?"

"Ekmedim. Yağmur yağar diye korktum."

Adam şaşırdı fakat bozuntuya vermemek için yine sordu: "Patates nasıl?"

"Patates de ekmedim. Hastalık gelir diye korktum."

"Peki ne ektin?" diye sordu yolcu merakla:

"Hiçbir şey ekmedim, kendimi garantiye aldım."

Hayatınızı korkularınıza dar etmeniz gerekir, yoksa onlar size hayatı dar ederler. Makul riskler altında yaptığınız hatalar da korkularınızla yüzleşmenizi sağlar. Aksi takdirde hayat tarlasına korkularınız yüzünden ekim yapamazsanız anlamsız bir hayatın kenarında oturup sigaranızı tüttürüyor olursunuz.

4. İnsan deneye yanıla ustalaşır.

Dene ve yanıl yöntemi beynimizin ve dolayısıyla kabiliyetlerimizin gelişmesinde önemli rol oynuyor. Parmak hareketlerini en mükemmel hale getirmeye çalışan bir piyanist düşünün. İnsan beyninde yaklaşık olarak 90 milyar nöron (sinir hücresi) bulunuyor. Ve en kısa tabirle piyanistin piyanoya hükmedebilmesi için sinirlerin arasında elektrik akımı olması gerekiyor. Vücudumuzda elektrik aktarımını sağlayan "myelin" adlı bir bölge var. Myelin ne kadar güçlüyse elektrik akımı o kadar hızlı oluyor ve bu durum en kaba tabirle bizim becerilerimizi temsil ediyor. Peki, myelini geliştirmek için ihtiyacımız olan şey ne dersiniz: *Hata Yapmak.*

Bir işte ustalaşmak için çok sayıda tekrar yapma gerekliliğinin önemini biliyorsunuz. Ancak aynı zorlukta tekrarlar yapmak myelinin gelişimine katkı sağlamıyor. Myelin, hata yapıp hatayı düzelttiğimizde gelişiyor. Örneğin bahsettiğimiz piyanist piyano çalarken sürekli aynı eseri çalışırsa myelin gelişim göstermiyor. Ancak yeni bir eser üzerinde çalışmaya başladığında, deneme-yanılma yoluyla, hatalar yaparak ve onları düzelterek myelin gelişmeye başlıyor.

Kısacası beceri kazanmak için hata yapmanız gerekiyor.

Çünkü ustalık hata yaparak varılacak bir mertebedir.

5. Hatalarımız beklenmedik olumlu sonuçlara neden olabilir.

Örneğin, ilk çıktığında ABD'de en çok satılan kırtasiye malzemesi olan, şimdilerde ise hepimizin hayatında önemli bir yer tutan post-itler (yapışkanlı not kâğıdı) süper-güçlü yapışkan geliştirmeye çalışan Dr. Spencer Silver'ın bir hata sonucu güçsüz bir yapışkan üretmesiyle ortaya çıktı. Ve şimdilerde, bir işyeri araştırmasına göre, bir çalışan yapışkanlı not kâğıdından günde ortalama 25 mesaj alıyor.

Will ve John Kellogg, 1894'te vejetaryen yiyecekler üretmeyi amaçlıyordu. Bayatlayan buğdayları, düz şekil verdikten sonra pişirmeyi denediler ve bu gevrekler hiç hesapta yokken popüler oldu. Daha sonra gevrekleri mısırla yapmayı denediklerinde kısa sürede bir dünya markası oldular.

Penisilinden kalp pillerine, teflondan jakuziye, birçok kişi buluşlarını yaptıkları hatalara borçlu.

6. Hatalar bizi özgür bırakır ve önceliklerimizi fark edebilmemize neden olabilir.

"Konu arabaysa Japon'dan şaşmayacaksın abi!" diyen birçok araba tutkunu varsa bunun en önemli nedeni Soichiro Honda olabilir. Honda Motor Company'nin kurucusu olan Soichiro daha 15 yaşında bir oto tamircisinde işe başladı.

1930'lu yıllarda kendi şirketini kurdu. Toyota için piston yayı üretecekti. Ancak başarılı olamadı. Ürettiği yaylar hatalıydı ve Toyota tarafından reddedildi. İşler öyle ters gitti ki evlilik yüzüğünü bile satmak zorunda kaldı. Pes etmedi ve iki yıllık deneme-yanılma sürecinin ardından yüksek standartta piston yayı üretmeyi başardı ve Toyota ile sözleşme imzaladı. Kısa sürede motosiklet üretim sektöründe zirveye oturan Honda, 1985 yılı civarında dünyadaki motosiklet üretiminin %60'ına sahipti.

Yirmili yaşlarının ortasında hatalar ve başarısızlıklar silsilesi ile karşı karşıya kalan, ancak *Harry Potter* kitabı sayesinde, dünyanın en tanınmış ve en zengin yazarlarından biri olan J. K. Rowling 2008'de Harvard Üniversitesi'nin mezuniyet töreninde o günleri şöyle anlatıyor: "Kendime olduğumdan başka biriymişim gibi davranmayı bıraktığımda, bütün enerjimi benim için gerçekten önemli olan tek işe verdim. Özgür kaldım çünkü en büyük korkum zaten gerçek olmuştu ve hayattaydım. Sevdiğim bir kızım, eski bir daktilom ve aklımda koca bir fikrim vardı."

Evrenin gerçeği

Evrenin gerçeğini bilmek isteyenler şu dört belli başlı erdeme sahip olmalıdırlar:

Birincisi, *yaşam boyu saygılı olmaktır.*

Bu, kişinin hem kendisine hem de tüm diğer varlıklara karşı koşulsuz sevgi ve saygı beslemesi demektir.

İkincisi, *içten gelen samimiyettir.*

Bu, dürüstlük, samimiyet ve sadakat gerektirir.

Üçüncüsü, *kibarlıktır.*

Bu ise nezaket, başkaları ile ilgilenme ve tüm ruhsal gerçekliğe duyarlı olmak demektir.

Dördüncüsü, *destekleyici olmaktır.*

Bu başkalarına karşılık beklemeksizin hizmet etmektir.

Bu dört erdem dayatılan kurallar değil, aksine senin öz tabiatının birer parçasıdırlar. Uygulandıklarında, zekâyı doğurur ve beş güzel şeyi geliştirirler:

Sağlık, zenginlik, mutluluk, uzun ömür ve huzur.

– Lao Tzu

Genç dostlarıma akademik süreçte öneriler:

1. Çok çalışmak değil, verimli çalışmak önceliğiniz olsun.
2. Aynı anda birden fazla işe yoğunlaşmayın. Tek bir konuyla ilgilenin.
3. Başladığınız bir işi bitirmeden başka bir işe başlamayın.
4. Sabırlı olmak ve devamlılık hususuna özen gösterin.
5. Konuları küçümsemeyin veya gözünüzde büyütmeyin.
6. Çalışmak için uygun günü, saat dilimini, yeri ya da ruh halini beklemeyin.

> *Zeki olmayan çocuk yoktur,*
> *ihmal edilmiş dikkat ve*
> *zaman vardır.*

Kalp ve beyin ne kadar muazzam bir sistemle işliyor değil mi? Dünyaya geldiğimiz andan itibaren aralıksız olarak çalışıyorlar. İki istisna dışında: Sınavlarda ve âşık olduğumuzda. Kalp konusuna başka bir başlıkta değineceğim. Akademik süreçte ve özellikle sınavlara hazırlanırken nasıl bir yol izlenmesi gerektiği hakkında öğrenci okurlarımdan ve velilerimizden birçok mesaj ve e-posta aldım. Onlarca madde eklenebilir. Ancak olmazsa olmazlarımı, tecrübelerimi ve aslına bakarsanız hepimizin bildiklerini birkaç maddede topladım.

1. Çok çalışmak değil, verimli çalışmak önceliğiniz olsun.

2010 yılında Harvard Üniversitesi tarafından yapılan bir araştırma, gün içindeki zamanımızın %47'sini, önümüzdeki işten bambaşka şeyler düşünerek geçirdiğimizi söylüyor. Bir saat boyunca dikkatinizi vererek yapacağınız bir iş, üç saat boyunca dikkatiniz dağınık bir şekilde çalışmaktan çok daha verimlidir.

Örneğin, imalat sektöründe %10'luk bir fazla mesai yaklaşık yüzde %3 oranında üretim kaybına yol açıyor. Çok çalışmak kulağa her ne kadar hoş gelse de, bu durum kardiyovasküler riskleri tetikliyor, özel ilişkilerde sorunlara neden oluyor, sağlıksız kilo alımına ve depresyona daha yatkın hale getiriyor.

2. Aynı anda birden fazla işe yoğunlaşmayın. Tek bir konuyla ilgilenin.

Aynı anda iki konu üzerinde çalıştığımızda beynimiz görevlerden birine öncelik veriyor ve diğerini milisaniye kadar da olsa erteliyor.

İmam-ı Gazali'ye *İhya-i Ulum* adlı eserini nasıl bir çalışma ile yazdığını sormuşlar: "Bir zamanda yalnız bir fasıl, bir bahis, bir konu üzerinde çalıştım" demiş.

Aynı anda birden fazla işe yoğunlaşmak beyinde dopamin hormonu salgılanmasını sağlayarak bizi mutlu hissettiriyor, evet. Ancak *bu tamamen bir yanılsama.* Çünkü bu şekilde yarım yamalak ilerliyoruz ve sonunda mutlaka o işle yeniden ilgilenmek zorunda kalıyoruz. Dahası, bu çalışma şekli bizi zamanla tembelleştiriyor.

3. Başladığınız bir işi bitirmeden başka bir işe başlamayın.

Yarım kalan işler, yarım kalan ilişkiler üzerine daha kapsamlı bir yazımı *Pes Etme Mucizeler Yolda* kitabımda paylaşmıştım sizlerle. Yarıda kalan iş başlanmamış iş demektir.

4. Sabırlı olmak ve devamlılık hususuna özen gösterin.

Napoli'de bulunan ve 1280'lerde inşa edilmiş Castel Nuovo Kalesi'nin zeminlerinde yer yer kocaman oyuklara denk gelirsiniz. 700 yıl boyunca aynı noktaya düşen damlaların bıraktığı izlerdir bunlar. "Taşı delen *suyun* kuvveti *değil*, sürekliliğidir" cümlesinin vücut bulmuş halidir. Bu konuyu Ordinaryüs Prof. Dr. Ali Fuat Başgil *Gençlerle Başbaşa* kitabında muazzam bir şekilde kaleme almış:

"Fikrî çalışmalar için, aynı saatlerde devamlı ve düzenli bir surette, günde iki üç saat bile yeterlidir. Büyük İslam düşünürü İbn-i Sina, dünyaca meşhur olan Kitabu-ş-şifa'sını, her gün, sabah namazından sonra Bağdat'taki bir camiin büyük kandili altında oturarak, kuşluk vaktine kadar, yani takriben iki saat çalışmak suretiyle vücuda getirmiştir. Meşhur İngiliz

düşünürü Spencer, muazzam eserlerini, günde iki saat çalışarak yazmıştır. Her sene bin, bin iki yüz sahifelik eser veren Fransız edibi Emile Zola'ya bu başarısının sırrını sormuşlar: 'Her gün yalnız üç saat çalışır ve yazarım' demiş."

5. Konuları küçümsemeyin veya gözünüzde büyütmeyin.

Kendinize güvenin fakat konuları küçümseyecek kadar güven zararlıdır. Küçümseme ihmal etmenize sebebiyet verir. En büyük hatalar da fazla güvenden kaynaklanır. Küçük ihmalden büyük zararlar doğabilir. Zeki olmayan çocuk yoktur, ihmal edilmiş dikkat ve zaman vardır. Bazen de işleri gözümüzde öyle büyütürüz ki şevkimiz kırılır ve erteleme sürecine gireriz. *Gözünde büyütmek* üşenmeyi de beraberinde getirir.

6. Çalışmak için uygun günü, saat dilimini, yeri ya da ruh halini beklemeyin.

O uygunluk hiçbir zaman gelmeyecektir. Her günün derdi farklı olur. Hiçbir zaman tam müsait olmayacaksınız, boş zaman bulamayacaksınız. Boş zaman yoktur, boş geçirilen zaman vardır. Her an, her yer çalışmak için uygundur. Çünkü müsaitlik bulunmaz, yaratılır, yaratılmalıdır.

Sizce hangisi mutlu bir aile?

1. ?
2. ?
3. ?

Cevaplar kitabın arkasında.

Mutlu yaşamın 10 anahtarı

Philip E. Humbert adlı bir psikiyatri profesörü, "İnsanlara mutlu yaşamın anahtarını 10 kuralda toplayacak olsam, hangi deyişleri seçerdim?" diye kapsamlı bir çalışma sonrası bu listeyi hazırlamış.

1. Kendini tanı. (Sokrates)

Kendi içinde yolculuk yap. Günlük tut. Kalbin, gönlün, vicdanın ne diyor? Neyi öne çıkarıyor? Dünyaya bilinçli bakmanın yolu başta bu iç yolculuktan geçiyor.

2. Olduğun gibi görün ya da göründüğün gibi ol. (Mevlana)

Dürüst ol, adil ol, hakça düşün. İçinden gelen sesin öne çıkardığı değerleri koru. Hayatta bir şeyleri korumak için ayakta kalmazsan her şey seni düşürür.

3. En yukarda aşk var. (Aziz Pavlus)

Sesi müziğe dönüştüren aşktır. Aşk olmazsa, sevgi ilişkileri yoksa ve ihtimam eksikse hayatın kuru bir daldan farkı kalmaz.

4. Dünyayı hayal gücü döndürür. (Albert Einstein)

Yaptığımız her şey hayal kurarak başlar. Hayat –herkes için– hayalleri gerçekleştirmek ve yapabileceğinin en iyisinin, olabileceğinin en güzelinin peşinde gitmektir. Bobby Kennedy'nin sözü gibi: Diğerleri dünyaya bakıyor ve "Neden?" diye soruyor. Ben bambaşka bir dünya düşünüyor ve "Neden olmasın?" diye soruyorum.

5. Fazla güzellik göz çıkarmaz. (Mae West)

Güzel hayat doya doya yaşanır. Mutluluk paylaşılır, hayatı sevme hissi coşkuyla beraber gelir. Ruhun müziğinde "Haydi bastır, göster kendini!" temposu vardır. Kibir değil, coşku!

6. Fırsatlar yakalandıkça çoğalır. (Sun Tzu)

Başarı cesaret ister, başlangıçtaki cesaret sonradan inanca dönüşür. İnanç insanlığa daha iyi hizmet arzusuna dönüştüğünde fırsatlar yelpazesi yukarı bir seviyede tekrar açılır.

7. Ya yap ya yapma. Denemek yok! (Yoda – Yıldız Savaşları)

Hayat seri hareket, karar ve kararlılık gerektirir. Tereddütte kalanlar geride kalır. Hayatın üstüne gitmezseniz hayat sizin üstünüze gelir.

8. Mükemmellik, ekleyecek bir şey kalmadığında değil, alınacak bir şey kalmadığında oluşur. (Antoine de St. Exupéry)

Hayatınızı basitleştirin. Basite indirge, indirge, bir kere daha indirge. O zaman ne kalıyor, ona bak. İstekler listenizi kısa tutun. Kısa tutun ki odaklanabilesiniz. Güneş ışığına büyüteç tutmak gibi, odaklamazsanız hayatı yakamazsınız.

9. Kabiliyet yoksa sanatçı olmaz, ama çalışılmadıkça kabiliyet hiçbir işe yaramaz. (Emile Zola)

Ancak akıllı, bilinçli ve odağı şaşmayan çabalar sonrası olası potansiyelin yapabilecekleri gerçekleşir. Elması yontmadıkça elinizde sadece bir taş parçası vardır.

10. Hayatı yaşamanın iki yolu var. Biri hiçbir şey mucize değilmiş gibi yaşamak. Diğeri her şey mucizeymiş gibi yaşamak. (Albert Einstein)

Yaşam rutinlerle dolu. Ancak bizim rutin diye nitelendirip de zamanla görmezden geldiğimiz, kıymetini bilemediğimiz ve hatta çoktan unuttuğumuz güzelliklerin farkına varabilmek ve en önemlisi şükredebilmek hayatı bir mucizeymiş gibi yaşamamızı sağlar.

Peki, senin hayatında önemli yer tutan, değişikliğe neden olan deyişler var mı? Belki de hayatın kamaşasında unuttun bile çoğunu. Onları yeniden hatırlamak ve not almak ister misin?

Benim için mutlu yaşamın anahtarları:

1. ____________________

2. ____________________

3. ____________________

4. ____________________

5. ____________________

6. ____________________

Elyazın ile kendine hatırlattığın olumlamaları hepimiz faydalanalım diye e-posta ile ya da sosyal medya hesaplarından mesaj atarak/etiketleyerek bizimle paylaş lütfen.

e-posta: kinsunofficial@gmail.com
instagram: @kinsunofficial

Güvensiz kalplerimizi bir zamanlar herkese güvenen kalplerimize borçluyuz.

Otostopçular buraya!

Geçenlerde sağanak yağmura yakalanmış kucağında ufak bir çocuğuyla orta yaşlı bir anneyi aldım araca. Ne yalan söyleyeyim, aklıma bin bir türlü senaryo gelmedi desem yalan söylemiş olurum. 1990'lı yılların başında otostop çekmek alışılagelmiş bir durumdu ve hem şoför hem de yolcu gönül rahatlığıyla yolculuk edebiliyordu. Eskisi kadar olmasa da hâlâ otostop kültürü yaygın bir şekilde kullanılıyor.

Bu konu arkadaş grubunda açıldığında bir arkadaşım şaşkın gözlerle bana yaşadığı bir olayı anlattı: "Abi sen canına mı susadın? Bu devirde, hele İstanbul'da otostop çeken biri arabaya alınır mı? Sabahın köründe işe gidiyorum bir gün. Kırmızı ışıktayız, daha yarı uyanık bir şekilde radyoyu karıştırıyorum. Araca arkadan çarptılar. Ben o telaşla anahtarı gayet doğal olarak arabanın üstünde bırakıp bir hışımla indim. Gayet iyi görünümlü bir çocuk diğer arabanın sürücüsü de. Nasıl yapalım, tutanak tutalım mı, kâğıt var mı, polisi aramaya gerek var mı derken ışıkların yakınında pusu kurmuş biri yan koltuktaki telefonumu, cüzdanımı aldı kaçtı. Peşinden koş derken bana çarpan adam da iki dakika içinde yok oldu. Ortada ne olduğunu anlayamadan öylece kalakaldım."

Şimdi düşünüyorum da çevremde buna benzer olaylar duydukça atlayıp bir deveye, çöllere vurasım geliyor kendimi. Hangi ara bu kadar güvensiz olduk birbirimize karşı?

Sanırım ilk adımı herkese güvenerek attık. Sonraki adımımızda "bazı kişilere" güvenilebileceğimizi fark ettik. Sonra da "yakın arkadaşlara", yetmedi ve "sadece en yakın arkadaşa" güvenebileceğimiz yer etti beynimizde. Nihayetinde "Hiç kimseye güvenilmez!" damgası vurduk. Ve güvensiz kalplerimizi bir zamanlar herkese güvenen kalplerimize borçlu olduk.

Devesiyle çölde gezen bedevi kısa bir mola vermek için devesini durdurmuş. Bir adamın kendisine doğru yaklaştığını görmüş. Bizim bedevi öyle iyi niyetli ki aklına olumsuz hiçbir şey gelmemiş. Susuzluktan dudakları kuruyan adam, bedeviden bir tas su rica etmiş. Bedevi kalan son suyunu da çıkarıp adama uzatmış tereddüt etmeden. Adam suyu içmiş içmesine de, sonra bedeviyi hızla itmiş ve deveyi aldığı gibi kaçmaya başlamış. Bedevi gayet sakin bir ses tonuyla adamın arkasından seslenmiş:

"Tamam deve senin olsun ama senden bir ricam var. Sakın deveyi benden alıp kaçtığını kimseye anlatma."

Adam şaşkın bir şekilde duraklamış ve nedenini sormuş.

Bedevi cevaplamış:

"Eğer anlatırsan, bu her yere yayılır ve insanlar bir daha çölde muhtaç birine yardım etmezler."

Sanırım şu an içinde bulunduğumuz güvensizlik hali çöllerden şehirlere kadar uzanmış olan bir hikâyenin son halkası gibi.

Bir zamanlar gülünce gözleri de gülen,
her şeyin iyi tarafını gören, yol kenarında
gördüğü çiçekle, yağmurun sesiyle mutlu olan
ben şimdi umutsuz biri oldum çıktım.

Güvensizlik, katılık ve nefret yabancı bir
konuk gibi geldi, kalbime yerleşti.

Ne seninle ne de sensiz

Yolda otostop çeken bir insana güvenememekten daha acınası bir durum var. Aynı çatı altında yaşadığımız kişilere güvensizlik. Hepimiz travmatik dönemler yaşadık. Eşi tarafından aldatılanlar da oldu, en yakın arkadaşı tarafından dolandırılanlar da. Yaşama göz kırptığımız ilk andan itibaren ihtiyacını hissettik bu duygunun. Annemizin kokusunda, teninde, sesinde güven bulduk daha bebekken. Sonra da çocukluk dönemimizde, çevremizde sürekli olarak "Bu devirde babana bile güvenmeyeceksin!" benzeri söylemler duyduk. Yaman bir çelişkiydi bu. Ve sonunda hepimizin kendinden emin görüntüsü ve gösterişi altında, aslında oldukça büyük bir korku ve güvensizlik duygusu yerleşti. Çoğunuz da benim gibi uçlarda yaşıyorsunuz bu nedenle ilişkinizi eminim. Ya çok kolay güven duyuyor ya da aşırı güvensizlik hissediyorsunuz. Arası olmuyor. Ancak ironi şu ki: Birine güvenip güvenemeyeceğimizi anlamanın en iyi yolu o kişiye güvenmekten geçiyor.

Bir okurumun geçenlerde gönderdiği e-postayı yeri gelmişken iletiyorum:

"Merhabalar. Evli ve tek çocuk sahibi bir anneyim. Eşimin bir süredir davranışlarında gariplik hissediyorum. Dış görünüşüne, giyimine ayrı bir özen göstermeye başladı. Telefonunun sesi hep kısık oluyor ve ters çevirip koyuyor masaya genelde. (...) Beynime bir kurt düştü. Güvenemiyorum bir türlü. Ne yapmalıyım?"

İlişkilerde en temel duygudur güven. Ancak "Sana güveniyorum..." diyebilmek "Seni seviyorum..." diyebilmekten çok daha zor günümüzde. Güvendiğimiz sürece bir insanı sever, saygı duyarız. Gelin görün ki ekmek kadar, su kadar ihtiyacımız olan bu duygunun hep eksikliğini yaşarız. Eksik olan şey aslında gayet nettir: Kendine güven.

Johann Wolfgang von Goethe'ye kulak verelim: "Kendine güvenir güvenmez, nasıl yaşayacağını bileceksin."

İster eşiniz, ister aileniz ya da çevreniz olsun, başkasına güvenmek kendine güvenden geçer. Kendine güven sorunu olan bireyde iki tip davranış özelliğine rastlıyoruz genelde.

a. Baskıcı ve saldırgan tutum:

- Çevrelerindeki insanlara karşı oldukça katıdırlar.
- Hoşgörüden uzak ve kıskanç davranışlar sergilerler.
- Kendine güvensizlikten kaynaklanan endişelerden dolayı herkesi ve her şeyi denetleme, kontrol etme gereği duyarlar.

b. Pasif ve içedönük tutum:

- Göz önünde bulunmaktan çekinirler. Çevrelerinde mümkün olduğunca geri planda kalmaya çalışırlar.
- İçsel hesaplaşmalarla, dışarıya yansıtmadan sorunların üstesinden gelmeye çalışırlar.
- Bağımlı kişilik özellikleri gösterirler.

Bu maddelerdeki davranışlardan birkaçına sahipseniz özgüveninizi gözden geçirme zamanı gelmiş olabilir. Okurumun gönderdiği mesajdaki gibi kontrol altına alınamayan bu tür olumsuz duygular evliliklerde ya da uzun soluklu ilişkilerde iki taraf açısından çok yorucu ve yıpratıcı sonuçlara neden oluyor. Karşılıklı güvenin sağlanamadığı ilişkilerde aşağıdaki olumsuz davranışları görmek mümkün oluyor:

- Kıskançlık
- Aldatılma şüphesi
- Sözlü ya da fiziksel şiddet
- Aşırı sahiplenme
- Kısıtlayıcı davranışlar
- Terk edilme korkusu

İlişkilerde kendine güven sorunu yaşayan tarafta genelde sevgi kaynaklı olduğunu iddia ettiği kıskançlık ve öfke nöbetlerine rastlarız. "Seven kıskanır" kisvesi altında kendini haklı çıkarmaya çalışır içten içe. Karşı tarafa her seferinde potansiyel suçlu muamelesi yapılır.

"Arkadaşlarıyla benden daha fazla görüşüyor."

"Ailesini benden daha çok seviyor."

"Bir yere giderken izin almıyor."

"Giyimine dikkat etmiyor."

Bu tarz cümleler özgüveni düşük bireylerin kurduğu cümlelerden sadece birkaçı. Bu cümlelerin kurulmasındaki neden başka bir ifadeyle yetersizlik duygusudur. İnsanı daha çok sevdikleriyle sınar bu duygu. En çok sevdiklerine karşı yetersizlik hissedilir çünkü. Sadece evlilikte iyi bir eş olabilme sorunu değil, çocuklara karşı iyi bir anne baba, ailede iyi bir evlat olup olamama şüphesi de kişiyi yetersizlik hissine sürükler. Birey, eksik olduğunu düşündüğü niteliklerinden dolayı endişe duyar. O hisle kendini yargıladıkça değersiz hisseder. Bir süre sonra bu duygulara kişinin kendisi de inanır. Ve bu kısırdöngü karşı tarafta güvensizlik hissine dönüşür. Birey beraber olduğu insana güvenmemeye başladığında ilişki, "Ne seninle ne de sensiz" boyutuna taşınır ve iki durum söz konusu olur. Ya tüm olumsuz duygular sineye çekilerek ilişki mutsuz bir şekilde sürdürülmeye çalışılır ya da iki taraf da birbirini yıpratarak hem bireyler hem de ilişki bitme noktasına getirilir.

Güvensizlik sorununu aşmak elbette imkânsız değil:

1. Tüm insanlar "iyi" ve "kötü"yü içlerinde barındırır. Mükemmel insan yoktur. Mükemmel ilişki de. Kendi hatalarınızı da sevin, başkalarının hatalarını da.
2. Hiç kimse "karanlık" tarafıyla yüzleşmek istemez. Kendinizle yüzleşmekten kaçmayın. Kendinizi keşfetmek, daha iyi tanımak güven duyacağınız ilişkiler deneyimlemeniz için önemli rol oynar. Anne baba ilişkilerinizi bu anlamda gözden geçirin. Bilinçaltı kayıtlarına bakılabilir ve gerekirse bir uzmandan yardım alabilirsiniz.
3. İlişki sırasında rahatsızlık duyduğunuz konulardaki duygularınızı net ifade edin. İçinizde biriktirmeyin.

"Telefonunun evde sessizde olması beni rahatsız ediyor. Güvensizlik hissi yaratıyor bende" demelisiniz örneğin.

4. Aldığınız "Hayır!" cevabını normal karşılamaya çalışın. Herkes bazen "Hayır!" diyebilmeli. Bu nasıl ki sizin hakkınızsa eşinizin de hakkı. Bunu bir felaket olarak algılamayın. Empati kurun. "Hayır!" da geçerli bir cevap olabilir ara sıra. Evde baş başa oturup sinema keyfi yapmak istediğiniz bir akşam, "Üzgünüm canım, bu akşam halı saha maçı ayarladık arkadaşlarla. Sonra yapalım mı?" cevabı ilişkinizin kötü olduğu anlamına gelmez. Karşı tarafın özgürlük alanlarına saygı duymak, yeterince serbestlik sağlamak ilişkiyi sağlam bir zemine oturtacaktır.

5. Dostoyevski'nin bir sözü var: "Eğer *iki* insan, gerçekten birbirlerini seviyorlarsa, aralarında *olup biteni kimse bilmemeli.*" İlişkiye ait sorunlara üçüncü şahısların müdahale etmesi kolaylıkla çözülebilecek bir sorunu, bir çıkmaza taşıyabilir.

6. Geçmişte yaşadığınız haksızlıkların, ihanetlerin şu anki ilişki(leri)nize zarar vermesine izin vermeyin. Kişilerin davranışları için genelleme yapmaktan kaçının. Deneyimlediğiniz her yeni ilişki yeni bir avuç topraktır. Ne ekerseniz onu biçeceğinizi umarak yaşayın ilişkilerinizi.

7. Kişisel enerjinizi başka alanlara da yönlendirin. İlişkilerinizi değil, kendinizi yaşamınızın merkezine koyun. "Ben onsuz yaşayamam" ya da "Ya benimsin ya kara toprağın" benzeri romantizm sınırlarını zorluyormuş gibi görünen klişeleri unutun gitsin. Herkes, herkessiz yaşayabilir elbette. Kişilerin birbirine bağlı değil, bağımlı olduğu her ilişki zehirlidir. Kendi kendisine yetemeyeceğinden korkanlar, karşı tarafı hayatlarının merkezine koyarlar

ve kendileri için yaşamaktan vazgeçerler. Kendilerindeki eksik tarafları eşlerinin tamamlamasını beklerler. Halbuki bir ilişki, kişilerin birbirini tamamlaması değil, zaten tam olan iki parçanın birlikte yol alması üzerine kurulmalıdır.

8. Tüm çabalarınıza rağmen olmuyorsa içinde olmaktan rahatsızlık duyduğunuz her ilişkiden uzaklaşın. Nihayetinde ağaç değilsiniz. Uzaklaşın.

9. Son olarak, siz kendinizi anlamazsanız, sevmezseniz ve kendinize güvenmezseniz, bir başkası da sizi anlamaz, sevmez ve size güvenmez. Kendinize değer verin.

Sevgi de körelir

Herkes sever arkadaşlar. Asıl mesele sevgiyi muhafaza etmekten geçer. Gün gelir sabır da yorulur, sevgi de körelir. Bir zamanlar başınızı döndüren o his, dünyayı başınıza yıkan nefrete dönüşür. Çünkü her şeye tahammül etmeye yetmez sevgi bazen.

Saf ve karşılıksız sevginin içinde kendiniz olmaktan uzaklaştığınızı fark ettiğinizde, karşınızda muhatap alacağınız sorumluluk sahibi birini bulamadığınızda, aynı çatı altında iki yabancı gibi olduğunuzda, en zor anlarınızda yaslanacak bir omuz bulamadığınızda, hislerinize hiçbir şekilde karşılık göremediğinizde tahammül de yorulur, sevgi de körelir.

Herkes sever ama insanın "burası" diye bir yer var. Burasına gelince sevgi de vazgeçer.

Bir insan seni suçladığında ya da kırdığında o insanın ruhunu inceleyerek nasıl bir insan olduğunu anlamaya çalış. Kafanda bir fikir oluştuğunda kendine acı çektirmenin gereksiz olduğunu göreceksin. Yine de onlara hoşgörü göster.

– Marcus Aurelius

Nereye kadar hoşgörü?

Kitaplarımı yazarken eski usulleri kullanıyorum hâlâ. Belirli bir süre araştırma yapıp, kaynak toparlayıp kafamda da kitabın çatısını oluşturunca yazmaya başlarım. Genelde konu konu ilerler, her bir konunun da elyazısı ile taslağını oluştururum. Bu nedenle her zaman çantamda not alabileceğim bir kâğıt ve kalem bulunur. Müdavimi olduğum birkaç yer var. Kitabı yazma aşamasında mümkün olduğunca buralara gider ve dünyayı sessize alıp yazmaya çalışırım. Okuduğunuz kitap üzerinde çalışırken garson arkadaştan bir bardak çay rica ettim. Kendisini mekânda ilk kez görüyorum o gün. Muhtemelen işe yeni başlamış. Çayın yanına birkaç kurabiye getirmesini istedim sonra. Masaya bırakırken gayriihtiyari bardağa çarptı ve bütün çay benim taslağın üzerine döküldü. Gözlerindeki pişmanlığı fark etmemek imkânsızdı. Büyük bir sorun olmadığını, taslak bir çalışma olduğunu söylememe rağmen oradan ayrılana kadar kaç kere özür dilediğini inanın hatırlamıyorum. 1-2 saat fazladan çalışmama neden olacaktı belki ama bunun için kendisini kırmaya değmezdi. Birkaç gün sonra tekrar mekâna uğradığımda merhabalaştı çekingen bir tavırla. Siparişleri getirdiğinde iki dakika ayırması için rica ettim ve kitaplarımı imzalı olarak hediye etmek istediğimi söyledim. Şaşkınlıkla karışık tebessüm eşlik etti sözlerine: "Allah razı olsun abi. Ben şikâyet edebileceğinizi düşünürken siz bir de hediye mi getirmişsiniz!" Ben inanıyorum, dünyayı hoşgörü kurtaracak.

İki yaşanmış olayı yorum yapmadan paylaşmak istiyorum sizinle. Hangi tarafa meyilli olduğunuzu vicdanınız cevaplayacak zaten.

Bir şehrimizde, araç sürücüsü bir dostumuz iki bisikletli çocuğa çarpıyor. Yaralanan çocukları derhal arabasıyla sağlık kuruluşuna getiriyor. Hastane çalışanları biraz şaşkınlar bu arada. Aracın koltukları kirlenmesin diye iki çocuk bagaja kapatılarak getirilmiş hastaneye çünkü.

Bir diğer şehrimizde de bu sefer bir çocuk eski ve frenleri tutmayan bisikleti ile bir adamın arabasına çarpıyor. Çocuk tedirgin, korkmuş. Arabanın sahibi ne yapıyor sizce? Olayın ardından ailesinin durumu pek de iyi olmayan çocuğa kızmak yerine, ona yeni bir bisiklet alıp hediye etmiş.

"Olumsuzlukları
hoş görmek ne iyidir.
Zira bütün ırmaklara
su veren deniz bile her çöpü
başının üstünde taşır ama
deniz bu kereminden dolayı
eksilmez. Zaten sevgi ve
hoşgörü insanlıktır."

– Mevlana

Yaşam başlı başına bir eğitim ve öğretim süreci aslında. Dört ana amacı olmalı bu sürecin:

1. Bilmek için öğrenme
2. Olmak için öğrenme
3. Uygulama için öğrenme
4. Birlikte yaşamak için öğrenme

Bu maddelerin hepsi hoşgörü ile bire bir bağlantılıdır. İletişimin, sosyal yaşantının temeli hoşgörüden geçer. Her anlamda sağlıklı insan yaşamının özüdür. Yaşanılan olumsuzlukların altında yatan temel neden yeterince hoşgörülü olamamaktır. Aile bireyleri arasında, mahallede, trafikte, işyerinde, okulda ve son zamanlarda sosyal ağlarda, kısacası insanın olduğu her yerde hoşgörülü olmak gerekiyor. Aksi takdirde güven ortamından uzak, anlaşmazlıklarla dolu bir yaşam sürdürmek zorunda kalıyoruz. Çağımızın hastalıklarından bencilliğin, doyumsuzluğun, açgözlülüğün ve sevgisizliğin panzehridir hoş görebilmek. "Bana ne!" deyip geçmek değildir yoksa. Vurdumduymazlık hiç değildir. Aksine, sevgiye giden bir yoldur. İnsanın özüdür. Haddini bilmektir. Kendini bilmektir bir bakıma.

Voltaire'e kulak verelim: "Hoşgörü nedir? Hoşgörü insanlığın bir parçasıdır. Hepimizin hataları ve eksikleri var; gelin karşılıklı olarak birbirimizin hata ve eksiklerini bağışlayalım, çünkü hoşgörü doğanın ilk yasasıdır."

Burada karşımıza şu soru çıkıyor bir süre sonra: Herkese hoşgörü gösterilir mi? Ben hoşgörü kelimesini çok kullanma taraftarı değilim açıkçası. "Olduğu gibi kabul etmek" kulağıma daha hoş geliyor. Mümkün olduğunca da uygulamaya çalışıyorum. Hoşgörüde doğası gereği bir ötekileştirme hissine kapılıyorum çünkü. Bir şeyi hoş görerek, aslında o şeyin ahlaki olarak kötü ve suçlanabilir olduğunu ve değiştirilmesi gerektiğini ima ediyoruz. Kişinin hoş görülen özelliğini değiştirmemesi kendi itibarsızlığını doğurur diyoruz üstü kapalı bir şekilde. Bu ima duruma göre değişebiliyor elbette.

Bir canlı iradesi dışında bir fiilde bulunabilir ve bu fiil istenmeyen bir şekilde sonuçlanabilir. Bir kedi en sevdiğiniz koltuk takımının berjerini siz tatilden dönene kadar tırmık izleriyle doldurabilir. Lise çağlarındaki bir genç ara sıra okulu asabilir. Çalışanınız bazı aylar hedeflediğiniz satışı tutturamayabilir. Bunlar hoş görülür. Ancak son zamanlarda bu tanım hoş görürken hor görmek halini aldı sanki.

Ateist olduğunu şimdi anlatacağım patavatsızlığım yüzünden öğrendiğim bir çalışanım vardı. Ahmet diyelim adına. Ekibimdeki en sevdiğim, en çalışkan ve gözüm kapalı güvenebileceğim elemanlardan biriydi açıkçası. Bir gün cuma namazına üç dört kişi giderken, arkadaşı da görüp "Hadi sen de gel" demiştim. İtiraf etmeliyim, samimiyetten biraz ısrarcı oldum diyebilirim. Sıkıla sıkıla aramıza katıldı. Bir ara iş arkadaşlarımdan birisi yanaşarak, "Efendim, karışmak gibi olmasın ama Ahmet ateisttir. Sanırım dile getiremedi. Bilginiz olsun" dedi usulca. O anki utancımı tarif edemem. Yerin dibine girdim, çıktım. Ömür boyu cumaya gitsem sanırım durumu kurtaramam. Uyaran arkadaşa gözlerimle teşekkür ettikten sonra Ahmet'e yöneldim: "Ya kardeşim, tamamen aklımdan çıkmış. Gelecek hafta İtalya'da yapılacak toplantı için ön çalışmayı saat bire kadar istemişti bizden İtalyan heyeti e-posta olarak. Ortak alanda Excel listesi olarak kayıtlı. İvedi atabilir misin onlara?"

Daha zamanı vardı aslında çalışmanın. Ancak bu şekilde bir kılıf uydurarak durumu kurtarmaya çalıştım. Uygun bir zamanda da müsait bir dille özrümü diledim.

Son dönemde uyguladığımız hoşgörü ölçütleri kibirle iç içe geçmiş durumda. Başka dinlere hoşgörü gibi, trafikte kadınlara hoşgörü gibi, mahalledeki sokak hayvanlarına hoşgörü gibi... Küresel dünyada bu şık bir davranış gibi lanse edilse de, bu konular hakkında dünya çapında sempozyumlar, konferanslar verilse de benim aklıma yatmıyor. Kimin haddine kendinden farklı bir dine inanan ya da hiçbir dine inanmayan birini hoş görmek? "Bak, biz ne kadar da hoşgörülüyüz ateistlere" demek aslında bahsi geçen topluluğa tepeden bakmak, "Ya zaten Allah'ından bulmuş, biz ellemeyelim" demektir.

Necip Fazıl'ın sinemaya da uyarlanan tiyatro eseri *Reis Bey*'de eserin sonunda merhamet ve hoşgörünün bir erdem olduğu vurgulansa da bir cümle geçiyor: "Ne kelimeler, ne duygular var; öğretemiyoruz da, sıra merhamete geldi mi, herkes ezbere biliyor. Ağızların iğrenç sakızı!"

Dillere pelesenk olmuş bu kelimeyi uygulamaya gelince nasıl da küçülüyoruz, çirkinleşiyoruz diyor özetle. Zoraki olarak tahammül ediyoruz belki de.

Bu durumlar biraz daha derin anlam içeren, hassas konular ve küçük bir çocuğun üzerimize çişini yaptığındaki hoşgörü ile bağdaştırmamız uygun olmaz. O çocuk hoş görülebilir. Ancak diğerlerinin özü "olduğu gibi kabul etmek"tir. Kimseyi hor görmeden, kendini narsisizmle yüceltmeden herkesi olduğu gibi kabul etmektir. Diğer canlılara saygı duyma, farklılıklara değer verme ve yeni ortak noktalar oluşturma gibi sınırlı bir anlam yüklüyoruz aslında bu kelimeye. Arap dilinde hoşgörü, en yakın anlamıyla "tasamuh" ile karşılık bulur örneğin. Fakat "tasamuh" bizim düşündüğümüz anlamlardan daha fazlasını içerir. İçinde affedebilme, kibar olma, sabırlı olma, özrü kabul edebilme, nefsani eğilimleri kontrol edebilme anlamlarına da gelmektedir.

Peki, hoşgörülü bir toplum hoşgörüsüzlüğü hoş görmeli mi? Donald Trump, Charlottesville'de ırkçı bir grubun bir kadını öldürmesinin ardından, şöyle bir açıklama yapmıştı: "İki taraf da haksız." Bu açıklama Karl Popper Teorisi'ni gün yüzüne çıkardı. Nedir bu teori? "Sınırsız Tolerans Paradoksu."

Hoşgörü paradoksu, hoşgörüsü sınırsız olan bir toplumun bu özelliğinin, bir süre sonra hoşgörüsüz kişilerce kötüye kullanılacağını ve yok edileceğini öngörüyor. Dolayısıyla bu paradoks, faşizm gibi baskıcı akımların önlenebilmesi için *belli bir sınırı aşınca* hoşgörüden feragat edilmesi gerektiğini savunur. Bir toplum hoşgörülü olmayı seçerse, ne kadar uğraşırlarsa uğraşsınlar, kendilerine gösterilen hoşgörüyü kötüye kullanacak akımlar ile karşılaşacaklar ve bu akımlar güç kazanacaktır zamanla. Ve hoşgörülü olanları da baskılayacaklar. Buna bağlı olarak hoşgörülü bir dünya isteyen insanlar, kendilerinin baskılandığı bir dünyayla karşı karşıya kalacaklar. Ancak toplum, bu durumu önlemek için hoşgörüsüz olanlara hoşgörü göstermemeyi tercih ederse, bu sefer de asıl amaçlarına ters düşen bir davranış sergiliyor olacaklar. İşte paradoks burada başlıyor.

Karl Popper, bu paradoksu şöyle açıklıyor: "Sınırsız hoşgörü, hoşgörünün yok olmasıyla sonuçlanmak zorundadır. Eğer hoşgörünün kapsamını hoşgörüsüzleri de kapsayacak biçimde genişletirsek, eğer hoşgörülü bir toplumu hoşgörüsüzlerin şiddetli saldırılarından korumaya hazır olmazsak; o zaman hoşgörülüler ve onlarla birlikte de hoşgörü davranışı, hoşgörüsüzler tarafından yok edilecektir.

Ancak bu dediklerimle, hoşgörüsüzlere hiçbir zaman hoşgörüsüz felsefelerini açıklama ve anlatma olanağı verilmemesi gerektiğini söylemeye çalışmıyorum. Onları mantık temelli tartışmalar ve kamuoyu yoluyla hizada tutabildiğimiz sürece doğrudan baskı uygulamak akıllıca olmayacaktır; ancak taraftarlarına, bizimle uygar bir tartışmaya girmenin bile yanlış olduğunu, anlattıklarımızın aldatmacadan ibaret olduğunu söylemeye başladıklarını ve bizimle mantık zemininde buluşmayı değil de argümanlarımıza silahları ve yumruklarıyla karşılık vermeyi düşündüklerini fark edersek -gerekirse şiddet kullanarak- onları baskılama hakkımızı saklı tutmalıyız. Hoşgörünün selameti adına, hoşgörüsüzleri hoş görmeme hakkımızı saklı tutmalıyız. Hoşgörüsüzlüğü savunan veya öven her hareketin yasadışı olduğunu söylemeli ve hoşgörüsüzlüğe ya da ayrımcılığa başvurmayı da tıpkı cinayet, insan kaçırmak ve köle ticareti yapmak gibi bir suç kabul etmeliyiz."

Her toplumun, hatta her bireyin şartları, kendi içinde değerlendirilmelidir. Tüm dünyada olan biteni kapsayacak şekilde bir yorum yapmak oldukça güç. Yine de düşünmeye değer bazı küçük noktalar mevcut. Hayat da bu küçük şeylerden ibaret değil mi zaten? Küçük şeylere anlam katabilirsek, her şey bir duaya dönüşür. Herkes bir mum yakabilirse karanlık kendiliğinden kaybolur...

Söylesene baba, ne zaman?

Adam yıllardır hayalini kurduğu aracı nihayet satın alabilmişti. Artık kırklı yaşlara yaklaşmıştı. Gece gündüz çalışmasının karşılığını aldığını düşünüyordu. Çok çabalamıştı. Gözü gibi bakıyordu aracına bu nedenle. Bir tatil günü arabayı yıkatmak için bahçeye çıktığında, küçük kızının gayet mutlu bir biçimde elindeki çekiçle aracın kaportasına vurduğunu gördü. Aracın her yeri çekiç izleriyle kaplıydı. Adam gördüğü manzaranın şokuyla olacak, hemen araca koştu. Çekici bir hışımla alıp kızının eline sinirle birkaç kez vurdu. Aklı başına gelince de derhal hastaneye götürdü kızı. Kahrından ölen baba doktorlara yalvarıyordu hastane koridorunda. "Lütfen onu iyileştirin!" Doktorlar, çocuğun kırılan kemiklerini kurtarmaya çalıştıysa da başarılı olamadılar. Sağ elin parmaklarını kesmek zorunda kaldılar.

Çocuk ameliyat sonrası uyandığında bandajlı elini fark etti ve yorgun gözlerle anne babasına bakarken, gayet masum bir ifadeyle:

"Babacığım, arabaya vurduğum için özür dilerim" dedi ve ekledi:

"Parmaklarım ne zaman yeniden çıkacak baba?"

Daha genç olduğum ve daha kolay etkilendiğim yaşlarda babamın bana verdiği bir öğüt o gün bugündür hiç aklımdan çıkmaz:
"Birini eleştirmeye kalktığında herkesin seninle aynı imkânlarla dünyaya gelmemiş olduğunu aklına getir."

– F. Scott Fitzgerald

Velle non discitur

Türkiye, Birleşmiş Milletler'in söz sahibi kurucu üyelerindendir. Türkiye'nin girişimiyle, 1995 yılı BM tarafından dünyada "Hoşgörü Yılı" ilan edilmişti. Keşke bu bir "malumun ilamı" olsaydı. Ancak daha o zamandan belliydi bugünlerin durumu. Üzülerek söylemeliyim bu ilan hoşgörüsüz dünyaya yapılan bir feryattan başkası değildi.

Gerçi Türkçede çok dar bir kalıba sığdırdığımız "hoşgörü" kavramı biraz önce bahsettiğim "tasamuh" ile örtüşmediği gibi, özellikle Batılı ülkelerde kullanılan "tolerance" ile de örtüşmüyor. "Tolerans"ı çok da zorlamadan iki ana başlık açısından değerlendirebiliriz.

1. Devletler arası, devlet içinde ve kamusal düzeyde ilişkiler
2. Bireysel tutum düzeyinde, yani ailemizle, komşularımızla, esnafla vb. olan ilişkiler

İlk madde beni biraz aşıyor. Asıl ele almak istediğim "çocuklara hoşgörü kavramının öğretilmesi" bireysel tabanlı düşünmemiz gereken bir mesele. Siyaset Bilimi ve Uluslararası İlişkiler dersi aldığım dönemde hocamız daha ilk derste çok güzel bir başlangıç yapmıştı: "Arkadaşlar, uluslararası ilişkiler yoktur. Uluslararası çıkarlar vardır. Siyasi ilişkiler yoktur. Siyasi ve bireysel çıkarlar vardır. Dersi ona göre dinleyin."

Voltaire de haklı olarak şöyle diyor: "İnsanları ve yönetimleri hoşgörüden uzaklaştıran en önemli etken çıkardır. Siyasal iktidar söz konusu olunca hoşgörü kalmaz."

Devletler, siyasi iktidarlar kendi iktidarını sürdürmeye bakar. Cem Sultan vakası benzeri birçok olay bu nedenle vuku bulmuştur. Bu nedenle II. Bayezid kardeşi Cem'in yaşamasından kaygı duymuş, Papa'ya verdiği para karşılığında Cem'in zehirlenerek öldürülmesine önayak olmuştur. Dolayısıyla çıkar söz konusu olunca hoşgörüden bahsetmek biraz gülünç oluyor bu nedenle. Ağlanacak halimize gülüyoruz elbet.

"Çok zor..." dedi bilge.
"İnsanların çıkarları
uğruna ne kadar kötü
olabileceklerini kestirmek
çok zor..."

Bireysel tutum düzeyinde toleransa gelince, şu soruna götürüyor bizi ikinci madde: Aynı konuda farklı fikirlere ve pratiklere sahip bireylerin yan yana yaşamını sürdürdüğü dünyamızda ve postmodernist özgürlükçü plüralizmin neden olduğu çıkmazlarda bir ölçü oluşturma sorununa. Yani bireylerin düşünce ve davranışlarından hangi özellikte olanlara tolerans gösterilmeli, hangi özellikte olanlara tolerans gösterilmemeli sorununa.

Türkçede hoşgörü kavramı daha çok bir kişi tutumu olarak tolerans ile örtüşüyor. O da kısmen. Hoş görme işlemini davranışlarla ilgili kullanıyoruz genelde. Hoşgörünün amacı; hoş gördüğümüz kişinin, sergilediği kabahatli bir davranışı suç olarak görmemesini sağlamak olmalıdır. Ancak biz bu davranışta bulunan kişiyi bağışlamak, ona bu kabahati için öngörülen cezayı vermemek şeklinde algılıyoruz hoş görmeyi.

Bu konuyu nasıl aşacağız dersiniz? Hoşgörülü, mutlu mesut yaşayacağımız bir dünya mümkün mü? Cevap hiç ütopik değil inanın. Eğer hoşgörülü bir toplum yaratmak istiyorsak, hepimizin çocuklarımızdan başlaması gerekiyor. Aile içinde demokrasiyi tecrübe etmiş, akılcılığı aşılayabildiğimiz bireyler yetiştirebilirsek bunun yansıması zaten toplumda görülecektir. Aile ve okulda çocuğun alacağı bir etik eğitimi yalnız hoşgörülü olmaya değil, başka erdemlerin de kazanılmasına yardımcı olacaktır.

Nedir bu etik eğitimi diyeceksiniz. Süslü kelimelere gerek yok. En basit haliyle şundan bahsediyorum:

- Bireylerin davranışlarını, ruhsal durumlarını çözebilecek seviyede gerekli bilgiyle donatılmak
- Başkasının duygularını anlamaktan âciz insanın ne denli yozlaşabileceğinin farkındalığını yaratmak
- Başkalarını her şeyden önce "birer canlı" olarak görmenin gerekliliğini idrak etmek

Muhteşem Gatsby'de duvara asmalık bir cümle geçiyor: Daha genç olduğum ve daha kolay etkilendiğim yaşlarda, babamın bana verdiği bir öğüt, o gün bugündür hiç aklımdan çıkmaz.

"Birini eleştirmeye kalktığında..." demişti. "Herkesin seninle aynı imkânlarla dünyaya gelmemiş olduğunu aklına getir."

Ancak burada dikkat ederseniz eğitimden bahsediyorum. Öğretim boyutu bana biraz olanaksız görünüyor. Erdemli olmak, hoşgörülü olmak öğretilemez bana kalırsa. Yukarıda sözünü ettiğim etik değerlerin eğitimi verilebilir. Ancak bunun ötesi, bu bilgilerle donatılmış çocukların kendilerine kalıyor. Bireyler bazı etik değerlere göre davranmaya zorlanabilirler, ama bir başkasına yaptıklarını, o başkası için yapmaya zorlanamazlar. Schopenhauer bu konuda destekliyor beni: *Velle non discitur*. İsteme eylemi öğretilemez, zorlanamaz.

Bir insanı bu bağlamda hoşgörülü davranmaya zorlayamazsınız, onu hoşgörünün ne olduğu ve önemi hakkında eğitebilirsiniz fakat kişiye hoşgörülü olmayı istemek öğretilemez. Özendirilebilir mi peki? Belki evet. Kişi bizzat tecrübe eder ve bunu kendi hayatıyla bağdaştırabilirse bir özenme söz konusu olur. "Bu insanın hoşgörüsü bana şunları sağladı. Önemli bir şeymiş bu. O zaman ben de başkalarına hoşgörülü olayım" diyebilirse, o zaman bir özendirmeden söz edebiliriz.

Prof. Dr. İoanna Kuçuradi bir konuşmasında bir anısından bahsediyor:

"Ben size bir örnek anlatayım. Benim bir arkadaşım var, doktora yaparken, bana başka bir meslektaşım gönderdi, o sıralarda çok üst rütbeli bir polisti. Gelip benimle konuşuyordu arada ve bu on yıl önce oluyor, daha da çok belki, ona sürekli polis okullarına insan hakları dersi koymak gerektiğini söylerdim. Bana sempatisi vardı, gülümseyerek başını sallardı, bir şey demezdi, dinlerdi. Ta ki, birçoğunuz hatırlayacaktır, Ankara'nın o çok kirli havasının olduğu zamanlar vardı, hatırlarsınız değil mi, bir akşam aralık ayı kar kıyamet içinde aşağı yukarı 45 dakika bir dolmuş ya da taksi bulmak için o havada, nefes alınamayacak havada beklemek zorunda kaldık ve orada, aynı yerde 8 saatten beri maske kullanmadan bir polis duruyordu. Ertesi gün tesadüfen bu arkadaş geldi bana ve bu örneği verdim ve bak dedim, insan hakları polisler için de söz konusudur. Unutmayın, insan hakları gereğidir o polis orada dururken bir maske vermek. O zaman, haklısın hocam dedi, bu işi yapmak gerekir. İlk defa onayladı benim dediğimi; çünkü bağlantı kurabildi. Bütün bu erdem dediğimiz, değer dediğimiz şeyleri ancak kişilerin belirli anlarında kendi yaşamlarıyla bağlantı kurabilmelerine yardımcı olabiliyorsak ancak böyle dolaylı bir eğitim oluyor, öğretmek değil de, eğitim oluyor derim..."

Çocuk, ebeveyninin, ailesinin, yakın ve uzak çevresinin ilgi ve sevgisi ile toplumsallaşmalı. Dolayısıyla çocuğun hoşgörülü olması için iletişim içinde olduğu bireylerden hoşgörülü yaklaşımı tecrübe edebilmesi gerekir. Özendirme bu aşamada başlar. O zaman çocukta özgüven oluşur. Özsaygısı artar. Hoşgörülü olur.

Peki, çocuklarımızı hoşgörüyle eğitmek için neler yapmalıyız?

a. Her şeyin temelinde sevgi vardır. Bir çocuğun en büyük ihtiyacı sevmek ve sevilmektir. Çocuğunuza sevginizi hissettirin. Böylelikle o da sevgi dolu olur. "Bir ebeveynin çocuklarına verebileceği en iyi miras her gün birkaç dakikasını onlara ayırmaktır" der Orlando Aloysius Battista. Sevginizi ifade etmenin en basit ve etkili yolu çocuğunuza zaman ayırmaktır.

b. Çocuğunuzun fikirlerine daima önem verin ve onu sabırla dinleyin. Kendisini ifade etmesine, fikirlerini sizle paylaşmasına izin verin. Louis Pasteur öyle güzel demiş ki:

"Bir çocuğa ne zaman yaklaşsam içimde iki duygu birden uyanır – şu an olduğu kişiye karşı hassasiyet ve olabileceği kişiye karşı saygı."

c. Onların da bir birey olduğunu hatırlayın. Çocuklarımızın yarın neye dönüşecekleri konusunda huzursuzuz, ama onların bugün de birer birey olduklarını kabullenemiyoruz. Çocuk haklarına saygı duyan anne babalar, aile bireyleri ya da öğretmenler hoşgörülü çocukların yetişmesinde önemli yer tutarlar.

Bu konuda Prof. Dr. İpek Gürkaynak'ın düşündürücü bir yazısına denk gelmiştim:

"Biz, aile içinde de, okul içinde de çocuklarımızın haklarına saygı duyan yetişkinler görünümünde değiliz, size bir küçük örnek vereceğim. Çocuk hakları sözleşmesiyle ilgili bir konuşma yaptım bir yerde, bir bey konuşmanın sonunda elini kaldırdı, kalktı, 'Sayın konuşmacı, ben bu çocuk hakları sözleşmesi ilk çıktığı sıralarda aradım taradım büyük çabalar içine girdim, buldum, aldım, satır satır bastan sona okudum' dedi. Böyle yüzümde bir tebessümle dinliyorum, ne kadar hoş, ne iyi etmişsiniz efendim diye, bitirdikten sonra da, 'Çocuklarımın hiçbir şekilde ulaşamayacakları evin bir köşesine sakladım' dedi."

d. Dili, dini, rengi, ırkı ne olursa olsun insana insan olduğu için değer vermesi gerektiğini anlamasını sağlayın. Bu farklılıkların bir üstünlük değil zenginlik olduğunu idrak etmesini sağlayın.

e. Sadece insanlara karşı değil, tüm canlılara ve doğaya karşı hoşgörü ve sevgi felsefesini aşılayın.

f. Çocuklarınıza söz vermişseniz sözün gereğini yapın. Çocukların her istediğini yapmak ile verilen sözleri tutmak aynı şeyler değildir. Anne babalara tavsiyem çocuklarınıza yerine getiremeyeceğiniz ya da çocuğunuz için yararlı olmayan şeyleri söz olarak vermemeniz. Kırılmamaları için kandırma amaçlı sözler yerine, istediği şeyi neden yerine getiremeyeceğinizi açıklayın ve hoşgörü göstermesi gerektiğini anlatın.

g. Çocuğunuzu duymaya değil dinlemeye çalışın. Art niyetsiz, önyargısız, sevgi ve hoşgörü gösteren iletiler vererek dinleyin. Genellikle çocuklarımızı anlayıp dinlediğimizi sanırız. Halbuki çoğu zaman kendi bildiğimizi okuruz. "Senin için en iyisini ben biliyorum", "Sen benim dediğimi yap", "Ben sözümü bitirince konuşursun" gibi cümleler kurmamaya çalışın ve aşağılayıcı cümlelerden kesinlikle kaçının.

ğ. Son olarak, her şeyin fazlasının zararlı olduğu gibi, aşırı hoşgörülü olmak da çocuk için zararlıdır. Bu tutuma daha çok tek çocuklu ya da orta yaşın üzerinde çocuk sahibi olan ailelerde rastlıyoruz. Bu ailelerde evin reisi genelde çocuk oluyor ve kuralları anne baba fark etmese de çocuk belirliyor.

Bu tutumla yetiştirilen çocuklar, kuralsızlığa alıştıkları için sınırlarını bilemezler. Her istedikleri anında yerine getirildiği için istekleri ertelendiğinde aşırı hırçın davranışlar sergilerler. Bunu alışkanlık haline getiren çocuk, çevresine uyum problemi yaşayan hoşgörüsü olmayan birey olarak topluma karışıyor.

Yâr:

Farsça *"dost, sevgili, arkadaş"* demektir.

Hatun:

Eski Türkçede *"kraliçe"* demektir.

Avrat:

Arapça kökenli olup *"kusurlu, melun şeytan, kör olan"* vb. anlamlara gelmektedir.

Manita:

İtalyanca *"flört, metres, yalan dolan ve hile"* gibi anlamlar taşımaktadır.

Flört:

Aslen Fransızca kökenli ve *"işve, oynaş"* anlamlarına gelmektedir.

Dil medeniyettir, bir ulusun aynasıdır. Aynaya baktığımız zaman, orada kendimizin en gerçek yankısını buluruz. Kelimeleri özenle seçip kullanmak gerekir.

Keşke

Avustralya'da uzun süre ölümcül hastalığa sahip insanlarla çalışan hemşire Bronnie Ware, emekli olduktan sonra deneyimlerinden yararlanarak yazdığı *The Top Five Regrets of the Dying – A Life Transformed by the Dearly Departing* adlı kitapta insanların hayatlarının son günlerinde en büyük pişmanlıklarını özetlemiş:

1. "Keşke kendi hayatımı yaşama cesaretini gösterebilseydim."
2. "Keşke daha mutlu olmama izin verseydim."
3. "Keşke o kadar çok çalışmasaydım."
4. "Keşke arkadaşlarımla daha fazla görüşseydim."
5. "Keşke duygularımı açıklama cesareti gösterebilseydim."

Yapılabilecek en doğru şey bazen tüm yalanlar içinden en pembesini seçip ona inanmaktır.

Geri görüş önyargısı

"Şerefsizim benim aklıma gelmişti!"

Vizontele'de Deli Emin'in bu repliğini hatırlamayanınız yoktur. Bir olaydan sonra insanlar, genellikle bu olayın sonucunu o olay daha gerçekleşmeden önce bildiklerine inanırlar. Bu yüzden sıklıkla *Vizontele*'deki bu repliğe benzer cümleler duyarız çevremizde. İşte bu eğilimi, "Bunu başından beri biliyordum" fenomeni ya da "Geri görüş önyargısı" olarak adlandırıyoruz.

Bir spor fanatiği, sezonun ne zaman başladığı konusunda çok az fikri olmasına rağmen, "Takımımın bu yıl şampiyonluğu kazanacağını her zaman biliyordum" diye güvenle iddiada bulunabilir. Biliyorum linç gelecek ama bir örnek vereyim. Takımınız Yenerbahçe derbi maçını kaybettikten sonra mesela, zaten takımın kaybedeceğini bildiğinize ikna olmuş hissedebilirsiniz. Halbuki maçtan önce böyle hissetmemiştiniz büyük ihtimalle. En az üç farkla maçı kazanacağına dair bahis bile oynamış olabilirsiniz. Çünkü beynimiz geçmişteki bir anıyı, yeni deneyimlediğimiz bir duruma uydurmak için hızla yeniden yazma eğilimi gösterir.

İşyerinde boş bulunup da toplantıda bir fikir önerdiğinizde patronunuz, "Kafama yattı bu fikir, hadi deneyelim" diyebilir, ancak rakip firmadan daha da iyi bir strateji çıkar ve fikriniz başarısız olup patronunuza milyonlara mal olabilir. Hüsrana uğrarsınız. Olaydan sonra ilk toplantıda patronunuzun ağzından şu kelimeleri duyma ihtimaliniz yüksek olacaktır: "İlk etapta bu fikre ısınamamıştım aslında." İşler ters gittiğinde suçu çalışanlara yüklemek, işler yolundayken de başarıyı kendine mal etmek hep daha kolaydır.

Daha 1867 tarihli *Savaş ve Barış* adlı romanında Lev Tolstoy, geri görüş önyargısını "tüm geçmişi sonradan meydana gelecek olaylar için bir hazırlık gibi gösteren geçmişe dönüklük yasası" olarak tanımlamış.

Sonrasında bu kavramla ilgili ilk deneysel çalışma ise 1975 yılında, Nobel ödüllü psikolog Daniel Kahneman'ın doktora öğrencisi olan Baruch Fischhoff tarafından gerçekleştirildi. Fischhoff'a göre insanlar sonuçları nispeten kaçınılmaz olarak algılama eğilimindeydiler.

Deneyde, katılımcılara İngilizler ve Gurkalar arasında geçen bir savaş durumu 12 cümlelik bir metin şeklinde okutuluyor.

Sonunda dört olası sonuç veriliyor:

a. İngilizlerin zaferi
b. Gurkaların zaferi
c. Antlaşma yapılmaksızın yenişememek
d. Barış antlaşması yaparak yenişememek

İlk deneklerden, verilen metinden yola çıkılarak her bir olayın sonucunun olasılığı için yorum yapmaları isteniyor. Metinde iki ülkenin galibiyet olasılığı hakkında eşit hükümler, savaşı bir tarafın kazanacağı ya da yenişemeyecekleri hakkında eşit olasılıklar bulunuyor. Deneklerin bu durumda yaptıkları değerlendirmeler ile ilgili puanlamalarda hiç fark görülmüyor.

Diğer deneklere ise önce metin okutuluyor ve diğerlerinden farklı olarak verilen dört sonuçtan birinin gerçek sonuç olduğu söyleniyor. Ellerindeki bilgilere dayanarak dört sonucu olasılıklarına göre puanlamaları isteniyor. Bu gruptaki denekler sonuçlarla alakalı tahminlerine ilk gruptakilere göre daha fazla güveniyorlar. Ayrıca Gurkaların kazandığını iddia edenler Gurkaların cesaretinden bahsediyor, İngilizlerin zafer olasılığını savunanlar ise Gurkaların sayıca az olmalarını neden olarak sunuyor. Önceden "doğru" sonuç verildiğinde, katılımcıların bunu kesin sonuç olarak görme olasılıkları önemli ölçüde artıyor. Ayrıca, seçimlerinin ardındaki mantığı açıklamaları istendiğinde, en alakalı olarak seçilen sonucu destekleyen veri noktalarını vurguluyorlar. Önceden bir cevap verildiğinde, hem seçimlerine daha çok güveniyorlar hem de bunu doğrulayan bilgilere daha yatkın oluyorlar.

Gördüğünüz gibi olayları gerçekte olduğundan daha öngörülebilir görme eğilimimiz aşikâr. Bu eğilimin temelinde üç değişken var:

- Dünyayı tahmin edilebilir bir yer olarak düşünmek isteriz. Bir sonucun "kesin" olacağına inanmak bazı insanlar için rahatlatıcı olabilir. Bu motive edici unsurdur.
- İnsanlar bir olayla alakalı önceden yapmış oldukları tahminlerini yanlış hatırlamaya ya da çarpıtmaya eğilim gösterirler. Çünkü mevcut durumla tutarlı olan bilgileri hatırlamak daha kolayımıza gelir. Bu bilişsel boyutunu oluşturur.
- Bir olayın ya da sorunun nasıl veya neden olduğunu kolayca anlayabilmemiz, o olay ya da sorunun kolayca öngörülebilir olacağı algısı yaratır bizde. Bu da üstbilişsel boyutudur.

Bu unsurlar bir araya geldiğinde, geriye dönük önyargının ortaya çıkma olasılığı da artar.

Bu fenomeni günümüzde nasıl yaşıyoruz dersiniz?

Bu aralar borsa çok gündemde mesela. Coinler, alt coinler milyonlarca dolarlık hisselerle havalarda uçuşuyor. Bir arkadaşım her muhabbetimizde konuyu bir şekilde bu piyasaya getiriyor. Geçenlerde X şirketinin tanesi 0,01 liradan bilmem kaç tane hissesini almayı düşünüyorum demişti. Şirketin yükseliş grafiği gayet iyi görünüyormuş. Ancak çok emin olmadığı için şirkete o yüklü miktardaki parayı yatırmadı. Birkaç ay sonra şirket hissesini on katına çıkardı. Bu sırada arkadaşım şirketteki bu büyümeyi zaten bildiğini iddia etti. "Vallahi biliyordum abi ya!" Ama yine de hâlâ emin olamadığı için hisse satın almadı. Aslında geriye dönüp baktığımızda, arkadaşım kendini kandırıyor farkında olmadan. Bahsi geçen şirketin değer kazanma olasılığının gerçekte olduğundan daha yüksek olduğunu düşündüğüne inanıyor.

En yakın örneklerden birisi de çok sevgili Corona virüsü ile alakalı. 2020 yılında bu salgın sırasında gazetecisinden ekonomistine birçok insan salgın başladığında Çin'in gereksiz ve çok acımasız önlemler aldığını savunuyordu. Ülkede birçok bölge karantinaya alındı. Bu nedenle insan haklarının ihlal edildiğine dair sesler yükseliyordu bu gruptan. Çünkü Corona virüsü ilk zamanlar daha bölgesel bir salgın gibi görülüyordu. Sınırları aşıp tüm dünyaya yayılacağı hayal bile edilemiyordu. Ancak, dünyanın geri kalanını sardığında, ilk başta itiraz eden, rahatsız olan bu grup salgının bu seviyelere geleceğini bildiklerini iddia ettikleri gibi Çin'i yeterince tedbir almadığı iddiasıyla acımasızca eleştirdiler.

Çocuklarda Geri Görüş Önyargısı'nı test etmek yetişkinlere göre daha zordur çünkü yetişkinler üzerinde yapılan deneylerde kullanılan yöntemler çocukların anlayamayacakları kadar karmaşıktır. Lise ve üniversite seviyesindeki öğrenciler de bu önyargıyı sıkça yaşarlar. Ders sırasında işlenen bazı konular kolay görünebilir. Bu durum öğrencide çoğu zaman "Bunu zaten biliyordum" hissine neden olur. Bu his sınava hazırlık sürecinde test materyallerini yeterince incelememeleriyle sonuçlanabilir. Ebeveynin bu durumu fark etmemesi bir yana, öğrencinin kendisi de bu yanılgıya düşer ve sınav zamanı yaklaşırken öğrencide tehlikeli bir alışkanlık halini alabilir. Sınav zamanı ise testte, şıkların arasında birçok farklı doğru cevabın bulunması, öğrencilerin konulara düşündükleri kadar hâkim olmadıklarını fark etmelerini sağlayabilir. Bu nedenle "her şeyi bildiklerini" varsayma eğiliminin üstesinden gelmek için eğitimciler, öğrenciler ve anne babalar iyi bir çalışma sistemi kurmalıdırlar.

Geri Görüş Önyargısı fark etmesek de tarihten siyasete, ilaç müessesesinden adalet sistemine hayatımızın birçok alanında bizi etkiler. Nobel ödüllü Amerikalı ekonomist Richard Thaler, şirket yöneticilerinin diğer alanlardaki insanlardan daha fazla önyargıya sahip olabileceği fikriyle yola çıkarak bir çalışma yapıyor. 705 başarısız girişimci bulunuyor. Başarısızlıklarından önce, deneklerin %77,3'ü girişimlerinin ek bir nakit akışı ile başarılı bir işe dönüşeceğine inanıyor. Başarısız olduktan sonra ise deneklerin sadece %58'i nakit akışı ile başarılı olacağına inandığını söylüyor.

Buna benzer önyargılar iş dünyasından sağlık, adalet ya da hizmet sektörüne kadar birçok alanda özellikle liderlerin yargılarını ve geçmişten ders alma becerilerini gölgeler.

Geri Görüş Önyargısı da çoğu bilişsel önyargı gibi zihinsel süreçlerin bir sonucudur. Zihin daha çok en alakalı veya doğru olana değil, hatırlaması en kolay olan bilgilere güven duymaya meyillidir. Hafızanın güncelliği, somut verileri bastırarak ön plana çıkar. Bir sonucu bildiğimizde, sonuçla uyumlu olan anılara, sonuçla çelişenlerden daha kolay adapte oluruz.

Akşam televizyonda bir uçak kazası haberi izledikten sonra, istatistiksel veriler ve risk somut olarak değişmese de, uçma korkumuz artacaktır.

Diğer bir neden de yeteneklerimize aşırı güven duymamız. Aşırı güven, her şeyi en başından nasıl bildiğimizin altyapısını oluşturur ve kendimize, hak ettiğimizden daha pembe bir tablo çizmemize neden olur. Biliyorsunuz ülkemizde ehliyeti olan herkes kendini en iyi şoför olarak görür mesela. Ayrıca gerçekten yaptığımız olayların olasılığını tahmin etme yeteneğimize sahip olduğumuza inanmamızı sağlar. Olaydan önce emin olamasak bile, sonucu tahmin ettiğimize inanmamıza neden olur. Sonuç olarak, kendimizle ilgili algımızı abartabiliriz ve bu da yanlış kararlar vermeye yol açabilir. Kendimize bir şeyi defalarca söylersek, ona inanmaya başlayabiliriz. Buna, en tehlikeli durum olan, her zaman "haklı olduğuna inanmak" dahildir.

Geri Görüş Önyargısı, kişide, yaşadığı güçlü duygulardan dolayı, rasyonel duyguların azalmasına neden olabilir ve dolayısıyla rasyonel düşünce azalır. Ayrıca kişi geçmiş kararlarından kaynaklı hatalarından ders çıkaramazsa, deneyim yoluyla öğrenme yeteneğinden mahrum kalır ve bu önyargı sonucunda yanlış davranışa neden olan kişinin karşı tarafa karşı duyarlılığı azalabilir.

Geri Görüş Önyargısı'nın olumlu sonuçlarını da görmek mümkün. Önyargı bozulmasının kabul edilebilir seviyede olduğu ve aşırı güvene neden olmadığı durumlarda kişinin güveninde ve performansında bir artış yaşanabilir. Kişinin deneyimi, bilgisi ve karar verme konusundaki kendine olan güveni, yanlış bir karar verilmiş bile olsa, başkaları için yararlı sonuçlara yol açabilir, başkalarının yeni şeyler öğrenmesine ya da kötü kararları verenlerden ders çıkarmasına neden olabilir.

Geri Görüş Önyargısı'nın üstesinden gelmek için en iyi yöntemin "bir şeyler yazmak" olduğunu düşünüyorum. Alınan kötü kararlar ve kötü sonuçlar arasında ayrım yapmayı becerebilen herkes emin adımlarla yürüyebilir hayatta. Bu yüzden kararlara ve tahminlere ilişkin nedenleri not alıp karşılaştırmak, bizi belleğimizin insafına bırakmayan net kararlar almamıza yardımcı olacaktır. Söz uçar ama yazı kalır bilirsiniz.

Ve bir gün, iyi insan olmaktan nefret edersin...

Paranın kokusu olmaz

Sevgili dostlar, gün geçmiyor ki bir gariplik daha yaşanmasın hayatımda. İnanın, tanıdığımı sandığım bir sürü insanla yeniden tanışıyorum. Bu seferki satırları tamamen dertleşmek için yazıyorum, çok bir şey beklemeyin. Bakmayın kişisel gelişim kitapları yazdığıma. Ben de gelişmeye devam ediyorum her an. Bu gelişimimi arabamı satmaya karar vererek sürdürüyorum şu an.

Geçenlerde haberleri izliyorum. Benzine, litre başına bir lira zam geleceği haberi sonrası araç kuyruklarını gösteriyor. İstasyonlar arızalıyız diyerek satış yapmıyorlar. Kuyrukta bekleyenlerden birkaçı istasyon çalışanlarının üzerine yürüyor... Televizyonda bazıları bu durumu, "Yahu, daha ne istiyorsunuz? Ne kadar araç bolluğu var diyeceğiniz yerde benzine yapılan zamma takılıyorsunuz" şeklinde yorumluyor. Bazıları ise halk ekmek kuyruğundaki artışları da işaret ederek gidişatın kötü olduğunu belirtiyor. Bu arada dünyadaki refah seviyesi iyi diyebileceğimiz ülkelere kıyasla bin kişiye düşen araç sayısı pek de fazla değil ülkemizde. Yaklaşık değerlerle birkaç örnek vermek gerekirse, San Marino'da 1263, ABD'de 797, İtalya'da 679, Yunanistan'da 624 diye uzuyor liste. Ülkemizde ise 233. Yorumu size bırakıyorum.

Döviz, vergiler ve benzin fiyatları tavan yapıncaya kadar ben de otomobil sahibi olmanın ihtiyaç olduğunu savunuyordum.

2020 yılında Bloomberg, "depoyu doldurmanın gerçek bedeli" temalı bir çalışma gerçekleştirmiş. 61 ülke arasında vatandaşların satın alma gücüne oranla dünyada benzinin gerçek fiyatını saptamaya çalışan bu araştırmada Türkiye, akaryakıt üzerinde en çok gelir vergisi uygulayan ülkeler arasında yer alıyor.

Bir ara eski ABD başkanı Ronald Reagan'ın ekonomiyle alakalı bir konuşması karşıma çıktı internette gezinirken. 2-3 saniye kadar İbni Haldun'dan bahsetti. Daha sonra merak edip araştırayım dedim. Bakın İbni Haldun *Mukaddime*'de diyor ki:

> *"Bir ülkede halka yüklenen vergilerin miktarı az olursa, halk çalışarak para kazanmaya heves eder, ülke bayındır hale gelir. Vergiler azalınca üretim, mal ve para artar; devletin hâkimiyeti de devamlı ve istikrarlı olur."*

Vergiden konu açılmışken sizi Roma İmparatoru Vespasianus dönemine götürmek istiyorum.

MS 9-79 yılları arasında yaşamış olan Vespasianus döneminde çıkan meşhur "idrar vergisi"nden ve Vespasianus ile oğlu Titus arasında geçen bir anekdottan bahsedeyim. İmparator Vespasianus günümüzde bazı Fransa ve Kanada'daki umumi tuvaletlerde de rastlayabileceğiniz bir söz söylemiş asırlar önce: *"Pecunia non olet."*

"Pecunia" kelimesi aslında Latince koyun sürüsü anlamına geliyor. Ancak dönemin Romalı çobanlarının zenginlikleri sahip oldukları koyun sayısına göre belirlendiğinden zamanla bu kelime para, zenginlik anlamında da kullanılmaya başlamış. *"Pecunia non olet"* ise "Paranın kokusu olmaz" olarak çevrilebilir. Ne demek istiyor peki?

Neron'un despot ve açgözlü yönetimi ve MS 64 yılında meydana gelen, yaklaşık bir hafta süren ve başkent Roma'nın üçte ikisinin yanmasına neden olan büyük yangın başta olmak üzere yaşanan olumsuz olaylar ülkeyi ekonomik olarak darboğaza sokar. Ekonomisini ayağa kaldırmak da Flavius Hanedanı'nın kurucusu İmparator Vespasianus'a düşer. Bizim imparator da düşünür taşınır, hazineyi doldurmak için umumi tuvaletlere vergi koyar. Dışkı deyip geçmeyin, o zamanlar umumi tuvaletlerden toplanan idrar ve dışkı, yün üretiminden kirlenmiş giysilerin temizlenmesine ve tabaklamaya kadar birçok alanda kimyevi etkisi nedeniyle kullanılıyordu. Ben çok ayrıntıya girmeyeceğim, yoksa işin sonu karanlık. Merak eden dostlarım bakarlar sonra.

Bu olayı bir süre sonra öğrenen oğlu Titus babasına "Çişin vergisi olur mu?" diyerek karşı çıkar. İmparator, Titus'un burnuna bir bozuk para yaklaştırır ve kokup kokmadığını sorar. Kokmadığı yanıtını aldıktan sonra da efsanevi sözünü söyler: *Atque e lotio est. Pecunia non olet: Bu çişten yapıldı. Paranın kokusu olmaz.* Daha net ifadeyle sanırım şunu demek ister: "Para paradır evlat. Nereden geldiği, nasıl geldiği teferruat."

Yahu, ben bakkaldan bir şey satın aldığımda para üstü olarak "sulu göz" sakız veren bakkal amcalar vardı çocukluk dönemimde. Belki o zamanlardan kalma, bilmiyorum ama şu dönemde alışveriş ve pazarlık konularında hiç iyi değilim. Daha doğrusu çok safım diyelim.

Orta gelirli bir erkeğin en büyük ve ulaşılabilir hedefi genelde bir araba sahibi olabilmektir. Ben de mezun olup iş hayatına atılır atılmaz bir araba sahibi olmalıyım demiştim. Günlerce ikinci el araba arayıp durmuştum. Piyasa öyle karışık ve güvenilmez gelmişti ki bir ara vazgeçmenin eşiğine kadar dayandım. İlanlara bakıyorum, arabaların hepsi kazasız, boyasız, sıfır ayarındalar. Neredeyse ilandaki tüm arabaların bakımları servislerde yapılmış. Sanayide bunca araba ustası nasıl hıncahınç dolu, anlam veremiyorum. Baktım işin içinden çıkamayacağım, bir galeriye gittim yakın bir arkadaşımın referansıyla.

Nasıl oldu bilmiyorum, ikinci el bir araba fiyatının yaklaşık üçte biri kadar nakdim varken kendimi sıfır bir araba satın almak için imza atarken buldum.

Pazarlık mı? E, tabii ki yaptık.

Ben: Biraz indirim yapamaz mısınız?

Galerici: İnanın olmaz, bize bunun gelişi zaten elli bin lira.

Ben: Hımmm... Tamam o zaman.

Maraton bu kadar sürdü. Zaten pazarlık konusunda en iyi numaram "Abi, bende bu kadar para var, olmaz mı?" sorusundan ibaret. Genellikle de aldığım yanıt "O zaman alma" oluyor, ben de denilen fiyattan alıp çıkıyorum.

Cambazın biri, eşeği yularından çekip meydana getirmiş. Başka bir cambaz yanaşmış hemen:

"Kaça bu eşek?"

"Sana bin lira olur!

"Aldım gitti, uzat elini anlaşalım!"

Olayı izleyenler arasından birkaçı alıcının kulağına fısıldamış:

"Bu eşek topal, görmüyor musun? Neden bu kadar ucuza veriyor dersin?"

Satıcı gayet kendinden emin, gülümsemiş:

"O eşek topal falan değil, tırnağının arasına taş kaçmış. Bizim akıllı topal sanalım istiyor, ucuza elden çıkarmaya bakıyor!"

Eşeği satana koşmuşlar hemen:

"Yahu bu topal değilmiş, tırnağına taş kaçmış!"

Satıcı gülmüş:

"Eşek topal olmasına topal da, öyle sansınlar diye taşı tırnağına ben koydum!"

Alıcıya koşmuşlar bu sefer:

"Bu eşek gerçekten topalmış bizden söylemesi, taşı o koymuş ayağına. Seni de kandırdı, parayı aldı!"

Alıcı dövünmeye başlamış:

"Vay namussuz; demek verdiğim para sahte olmasaydı, beni kazıklayacaktı!"

Ne dersiniz? İki cambaz bir ipte oynar mı? Gerçi tarihte örneği var mı? Var.

Osmanlı döneminde padişah çocuklarının doğum ve sünnet törenlerini, padişah kızlarının düğün törenlerini anlatan manzum-mensur karışık yazılan *Surname-i Lebib*'de II. Mahmut'un şehzadeleri Abdülmecit ve Abdülaziz'in sünnet düğünleri ile Mihrimah Sultan ve Mehmet Sait Paşa'nın düğünlerinde dönemin ünlü cambazı Raif Çavuş bunu sıklıkla yaparmış. Kendisi ipin üzerinde çeşitli zorlu hareketler icra ettikten sonra aynı ipe başka bir cambaz çıkıp; ayaklarına sabun bağlayıp bir sürü zorlu numaraları birlikte yapmışlardır.

Bu bilgi nerede işimize yarar bilmiyorum ama şimdi dönelim pazarlık konusuna. Ben ne zaman pazarlık yapmaya kalkışsam ipte oynayan iki cambazdan biriymişim gibi hissediyorum. Hani, tanımadığı birinden bir şey isteyeceği zaman akla karayı seçen, yüzü kızaran hatta tuvaletteyken kapısına vurulduğunda özgüvenle "Dolu!" diyemeyip de heyecanla kapıyı geri tıklatan kişiler vardır ya. Pazarlık konusunda bu kadar özgüvenim düşük. Yahu ben bırakın tanımadıklarımdan bir şey istemeyi, tanıdıklarımdan dahi bir ricada bulunmak için yeri geliyor günlerce düşünüyorum. Dünyanın en kötü durumu ne derseniz: Hele bir de borç verdiğin tanıdıktan paranı geri isteyeceksen, ezile büzüle, içine düştüğün asıl borçlu senmişsin hissi var ya, düşman başına.

Ha, bu arada arabayı bu yazıyı yazarken üç gün içinde sattım. Sanırım özetle, ben bu işleri pek beceremiyorum. Para da, pazarlık da bana göre şeyler değil. Allah paranın da kokanını değil, hayırlısını versin.

Özellikle üniversite ve staj dönemini bitirip iş hayatına atılan okurlarımın mail ve mesaj yoluyla en çok değinmemi istedikleri konulardan birisi de bu süreçte nelerle karşılaşacaklarına dair öneriler sunmamdı. Sizler için birkaç maddede özetlemeye çalıştım. Bu maddeler, sadece iş hayatında değil yaşamın zaten tüm alanlarında bir nebze de olsa yolunuza ışık tutacağını düşündüğüm önerilerdir. Keyifli okumalar.

İş hayatınızda sizi başarıya götürecek 9 öneri:

- Kendinize ve yeteneklerinize inanın.
- Ayaklarınız yere bassın.
- Önünüze çıkan fırsatları iyi değerlendirin.
- Sevdiklerinize de zaman ayırın.
- Fikirlerinize sınır koymayın.
- Herkesi dinleyin, asla ego ve sinir ile karar vermeyin.
- Değerlerinizden taviz vermeyin.
- Yolunuzda ilerlerken her zaman çelme takanlar olacağını unutmayın.
- İşinize hâkim olun ve püf noktalarını iyi bilin.

Tüm hayat üç eylemde gizlidir:
Kendine inan, kendini sev,
kendine şefkat göster.

Kendinize ve yeteneklerinize inanın

Bir gün Âşık Veysel köy kahvesinde yine almış sazını eline, türkü söylerken kahvedekilerden biri büyük ozana sormuş:

"Veysel Emmi, diğer bütün âşıklar sazın sapının üzerinde parmaklarını bir aşağı bir yukarı gezdirerek çalıyorlar. Sen neden tek bir yere basıp bütün türküleri okuyorsun?"

Veysel sesin geldiği yere başını çevirip tebessüm etmiş:

"Onlar daha çok genç. Hâlâ benim bastığım yeri arıyorlar."

Nasıl havalı cevap değil mi? Çünkü hiçbir cevap kendine güvenen bir insanın vereceği cevaptan daha çekici olamaz. Kendine güvendiğin zaman yaşam bahçesinde çiçekler açmaya başlar. Bizi en çok korkutan şey ışığımızdır aslında, karanlığımız değil. Dünyada yeteneğini kullanabilecek, kendi ışığında parlayabilecek tek kişi sensin. Kendine inandığın zaman yaşamayı öğreneceksin, güzel şeyler olmaya başlayacak. İnsanın kendine güvenmesi yaşam boyu kazanacağı zaferlerin en büyüğüdür çünkü.

Ve asla kendinden şüphe etme, çünkü çekemeyenler, kıskançlar bunun için varlar. Sen kendinsin; daha fazlası da değil, azı da. Sadece kendinsin ve bu kadarı gayet yeterli. Bir amaç belirle ve yola çık. Yalnız çıktığın bu yolda en sağlam yoldaşın kendine olan inancın ve güvenin olacaktır.

Kendime not:
Akıllı adam, en büyük yardımı yine kendisinden bekler.

Ayaklarınız yere bassın

Çevrenizde aşırı özgüvenli davranan insanlar iş hayatınızda patronlarının, arkadaş çevrenizde herkesin, aile yaşantınızda akrabalarınızın gözdesi olurlar genelde. Çünkü ilk etapta güven yetenekten daha önemlidir. Ancak altı sağlam bir temele dayandırılmamış özgüven çoğu zaman hüsranla sonuçlanır. Bilge insan çabasına, bilgisiz de boş hayallerine güvenir. Siz bilgece davranın derim.

Her ne kadar özgüven bir işe başlamak için gerekli olsa da nihayetinde o işi bitirmek için çalışmak şarttır. Çalışın, çabalayın ve küçük de olsa zaferler edinin. Küçük zaferlerden oluşan bir seriye sahip olduğunuzda hem özgüveniniz anlamlı olacak hem de çevrenizde güvenilen ve başarılarıyla takdir edilen bir kişi olacaksınız.

Ne kadar özgüveniniz olursa olsun, içi boş bir güven duygusu ile başarı merdivenlerini tırmanan birisinin oturacağı en yüksek mertebe kıçının üstüdür. Zirveye tırmanırken paraşütünüz her daim sırtınızda hazır olsun. Neden mi?

Uçak yolculuğunda bir eşek ile aslan yan yana seyahat ediyormuş. Servis başlayınca eşek, hostese işaret ederek su istemiş, su gelince de yanında oturan aslanın başından aşağı dökmüş.

Aslan fena halde öfkelenmiş ama hostes araya girip gerginliği önlemiş. Eşek bu, durur mu? Bu sefer de önüne konan kuruyemişleri sağa sola atmaya başlamış. Yolculardan iyi bir dayak yiyecekken uçakta olay çıkmasın diye yine hostesler araya girmiş. Bu durum eşeği daha da şımartmış. Öyle ki pilot kabinine girip pilotun ensesine tokat bile atmış. Aslan da kendine yedirememiş, sonunda o da eşek gibi davranıp herkesin dikkatini çekmeye başlamış. Hostesler aslana da eşeğe gösterdikleri sonsuz hoşgörüyü göstermek zorunda kalmışlar.

İkisinin de yaptıkları hadsizlik son raddeyi aşınca yolcular, hostesler ve pilotlar birlikte harekete geçerek eşeği de aslanı da uçaktan aşağı atmışlar. Eşek ile aslan hızla yere doğru inerken aslan korkudan titriyormuş, fakat eşek ise oldukça sakinmiş. Aslan endişe içinde sormuş:

"Şimdi ne yapacağız eşek kardeş?"

"Sorun yok, paraşütümü açıp, yumuşacık inerim yere."

Derken, eşek düğmesine basıp paraşütünü açmış. Aslan da üzerinde bir düğme aramış açmak için paraşütü ama nafile. Paraşüt yok ki düğmesi olsun!

Son bir umut göz göze gelirken eşek bağırmış aslana:

"Ne bakıyorsun öyle, madem paraşütün yoktu, ne diye uçuş boyunca eşeklik edersin? Çek cezanı!"

"Üç şey geri gelmez asla evlat..." dedi bilge:
"Geçen zaman, kaybolan güven ve kaçırılan fırsat."

Önünüze çıkan fırsatları iyi değerlendirin

Yirmi yıldır devlet dairesinde başarılı bir memur olarak çalışan adam bodrum kattaki arşiv odasına iner. Tozlu rafların arasında dosyalarını yerleştirmeye uğraşır. Loş ışıkta yarı görür, yarı görmez bir şekilde elindeki dosyaları hızla yerleştirip bu rutubetli ve karanlık yerden bir an önce çıkmak için aceleyle ilk gördüğü boş yere dosyaları sıkıştırmaya uğraşırken, büyük bir gürültüyle raftan yere bir şey düşer. Memur merakla eğilip rafın altına elini sokup gezdirir. Eline bir çaydanlık gelir. Ayağa kalkar, tozlu çaydanlığı ovuşturup temizlerken içinden bir cin çıkar. Ve seslenir:

"Ben Alaattin'in ciniyim, dile benden ne dilersen!"

Memur suçlu bir şekilde cevap verir:

"Özür dilerim."

Fırsatlar, fırsatlar... Her ne kadar fırsatları insanın kendisinin yarattığına inansam da evet bazı zamanlarda da sevgili dostlar, işte böyle tozlu, çamurlu rafların arasında çıkar karşımıza. Her yeni gün, yeni bir fırsattır özünde. Çincede "kriz" kelimesi iki karakteri içerir örneğin. Biri tehlikeyi, diğeri de fırsatı simgeler. Hayat mücadelesinde, bu tozlu, çamurlu yolda karşılaşılan her engel de aslında gelişimimiz için bir fırsattır. Bazı insanların ayağına bir kere gelir, bazılarının da her iki ayağına onlarca kez. Bazısı tek seferde değerlendirir, bazısına bir ömür yetmez. Ama her bir fırsat uçan balon gibidir. Bir kez ipini elinden kaçırdınız mı öylece arkasından bakakalırsınız.

Vedalar ansızın gelir.
Vakit varken her fırsatta
sevdiklerinize sarılın.

Sevdiklerinize de zaman ayırın

Aslına bakarsanız çoğu kişisel gelişim kitapları şunu salık verir: Çalış, daha çok çalış, daha çok çalış ve başar. Ama yaşam bundan ibaret değil.

Hayatı profesyonel bir jonglör edasıyla yaşamak gerek.

- İş
- Aile
- Sağlık
- Dostluk
- Değerleriniz

Havaya fırlatıp yere düşürmeden tutmaya çalıştığımız toplar olduğunu hayal edin her bir maddenin. Bunların arasından "iş"in bir lastik top olduğunun çok geçmeden farkına varacaksınız. Yere düşse de zıplayıp geri döner. Ancak diğer dört madde benim için "kristal cam"dır. Herhangi biri yere düşerse tamiri mümkün olmayacak şekilde hasar görebilir. Bu nedenle önceliklerimizi iyi belirlemeliyiz.

Genel manada baktığımızda üç çeşit zamanımız var yaşam boyunca.

- Sistemin işlemesi için bizden çaldığı zaman
- Patronumuzun kullandığı zamanımız
- Kendimiz için kullandığımız zaman

Her üç kullanımı da dengeli ve makul ölçüde yapmalıyız. Bunlardan sadece birine ya da ikisine öncelik veriyor ve birini aksatıyorsanız başarılı olmaktan söz edemeyiz.

Bir gün dervişin biri, bir köyün mezarlığı yanından geçerken bir şey dikkatini çekmiş. Mezarlıktaki bütün mezarların üzerindeki taşlarda "Beş yıl yaşadı", "Üç yıl yaşadı", "Sekiz yıl yaşadı" gibi yazılar görmüş. Köye varmış. Köylüler dervişi köy odasında misafir etmiş. Yemek yenilip sohbet başlayınca derviş köyün ileri gelenlerine sormuş:

"Merak ettim. Köye gelirken mezarlıktan geçtim. Mezarlıkta bir şey dikkatimi çekti. Bütün mezar taşlarında üç yıl yaşadı, beş yıl yaşadı, sekiz yıl yaşadı gibi ifadeler yazıyor. Oysa bu mezarların çoğu yıllar boyu yaşamış, ihtiyarlamış ve vefat etmiş insanlara ait. Niçin böyle yazılmış, bunun nedenini çok merak ettim?" demiş.

Köyün ileri gelenleri cevap vermişler: "Biz ömrümüzü dostlarımızla, sevgiyle ve mutlulukla bir arada geçirdiğimiz zamanla değerlendiririz. Diğer zamanları ömürden saymayız!"

Bu not sana:
Hayal ettiğin kişisin sen
tam olarak, diğerlerinin
ima ettiği değil...

Fikirlerinize sınır koymayın

Şu yaşıma kadar öğrendiğim en önemli kıstaslardan birisi şu oldu: Bir işin uzmanını her zaman dinle, ama her zaman inanma.

Bir yabanarısını düşünün. Bilimadamları kanatlarının çapı ile arının ağırlığını kıyasladıklarında yabanarısının uçamaması gerektiği konusunda fikir birliğindedirler. Ama yabanarısı gayet iyi uçuyor. Muhtemelen kendisi bilimadamları gibi aerodinamik kanunlarını bilseydi uçamayacaktı.

İş hayatından, sağlık sektörüne her alanda bunun örneklerine rastlarsınız. Uzman biri olmaz dedi mi o iş olmaz artık. Siz de üretici düşünce ürünü fikirlerinizden soğur ve konu her neyse savsaklarsınız.

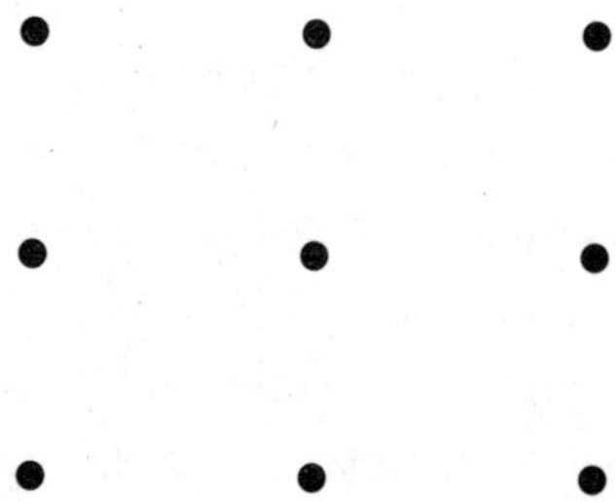

Yöneticilik ve biraz da liderlik vasfı gerektiren bir görev için personel seçmem gerekiyordu. Adaylara oldukça popüler olan yukarıdaki şekli verip hiç ellerini kaldırmadan ve geri dönüş yapmadan 4 çizgi kullanmalarını ve çizgilerin tüm noktalardan geçmesini istemiştim. Diyeceksiniz ki daha bilgiye yönelik bir seçim olabilir miydi? Olamaz. En nihayetinde bilgi de insana sınırlar koyar. Zekânın gerçek işareti bu yüzden bilgi değil, hayal gücüdür bana kalırsa. Aksi takdirde kanatlanıp uçan yabanarıları değil, uçamamalısın diyen bilimadamları ile karşılaşırsınız. 1950'li yıllarda atletizm otoriteleri 1 mil mesafenin asla 4 dakikanın altında koşulamayacağı tahdidini koyuyorlardı. Ta ki 1954 yılında bir atletin çıkıp 3 dakika 59 saniyede koşuyu tamamlamasına kadar. Ve asıl ilginç olan şu ki o yıl 12 kişi daha 4 dakikanın altında koşacaktı. Burada niyetimin uzmanları kötülemek olmadığını hatırlatmakta da fayda var elbet.

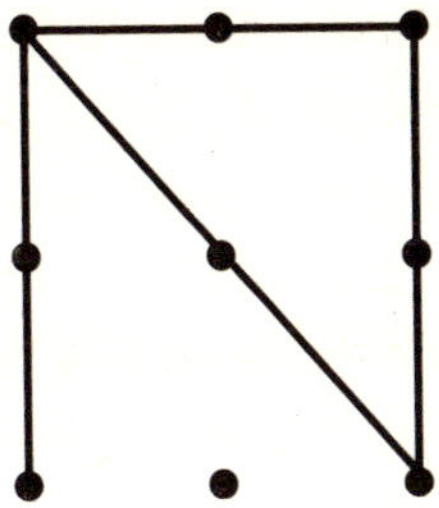

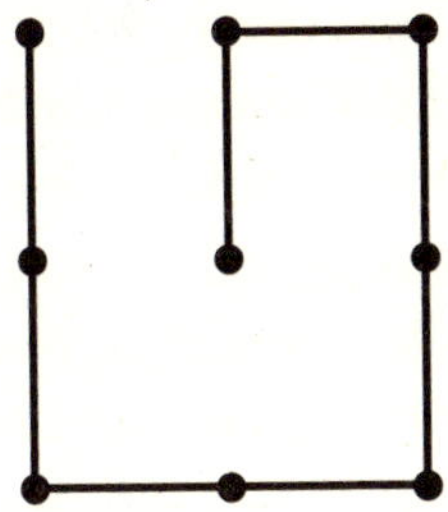

Soruya birkaç farklı cevap geldi yukarıdakiler gibi ama hiçbiri istediğim standartları karşılamıyordu. Aslında konu burada bilmeleri de değildi cevabı. Belki bana da buna benzer bir zekâ sorusu sorulsa bilemeyeceğim. Amacım hayal gücünün ve tahditlerimizin farkına vardırmaktı.

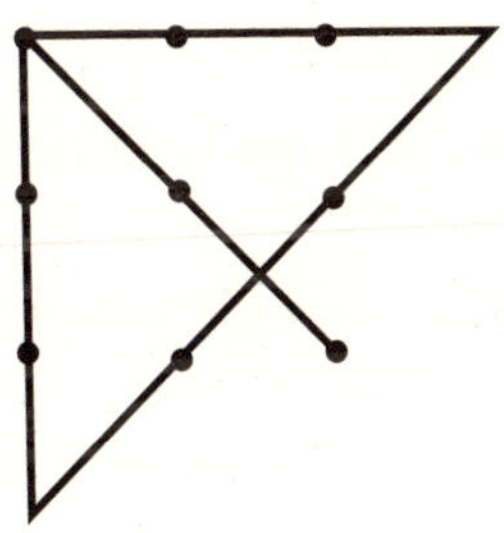

Cevabı tahtaya çizdiğimde bazı homurdanmalar oldu elbet.

"E hocam noktaların dışına çıkacağımızı söylemediniz ki?"

"Güzel çocuk..." dedim. "Noktaların dışına çıkamazsınız diye de bir şey demedim!"

Yaşam da biraz böyle. Aşk hayatımızdan, marketten alacağımız elmaya kadar her alanda kısıtlar koyarız kendimize, bazen isteyerek bazen de gayriihtiyari. Noktaların dışında düşünmeyenler kolayca kontrol altına alınabilir, kandırılabilir, atıl kalırlar.

Ve inanın yanlış olsa bile bir fikre sahip olmak, hiçbir fikrin yokken her zaman haklı olmaktan çok daha iyidir. Hayal gücü nadiren kızgın bir kedi gibi oradan oraya sıçrar, çoğunlukla bir köşede homurdanarak uyur. Ve özgüven gibi, içi doldurulmamış bir hayal gücü de düşünmekten öteye geçemez. Böyle bir bireyin de kanatları vardır ama ayaklardan yoksundur. Ve bazen tek başına yürümek zorunda da kalabilirsin.

Ne çok konuşan var.
Neden dinleyenler de
bir o kadar azlar?

Herkesi dinleyin, asla ego ve sinir ile karar vermeyin

Adam uzun yıllardır yememiş içmemiş ve arzuladığı üstü açık arabayı almış. İlk iş olarak da açmış arabasının üstünü ve kendisini bir dağ yoluna vurmuş püfür püfür. Zevkle giderken aniden virajdan savrularak gelen bir araba çıkmış karşısına. Öyle ki bizimki neredeyse şarampolden yuvarlanacakmış. Karşı arabanın şoförü son hızla bizim adamın yanından geçerken açık olan camdan “İnek!” diye bağırmış.

Bizimki iyice küplere binmiş, arabayı kenara çekmiş, el kol hareketleriyle başlamış arkasından bağırmaya.

“Ulan yüzsüz, hem suçlusun hem güçlü. İnek senin babandır!”

İçini tam dökememiş tabii, hırsla arabasına atlayıp son gaz yola devam etmiş. Bir sonraki viraja hızla girmiş. Virajı döner dönmez o da ne! Yolun ortasındaki inek sürüsünün içine dalmış.

İyi bir dinleyici olmayı başarabilirseniz, size her zaman doğru yolu gösteren bir sesin var olduğunu fark edeceksiniz. Bir insanı anlamanın altın anahtarıdır dinlemek. İletişim kurduğunuz insana değer verseniz de vermeseniz de, anlamak için dinlemek zorundasınızdır. İşitmenin birkaç adım ötesidir bu eylem.

Herkesin konuştuğu bir dünyada en büyük erdemdir. Konuşmakla bu kadar meşgulken, O'nun sesini duyamazsın! Kendi sesini bile duyamazsın zaten. Dinlemek karşındaki konuşurken ona verilecek cevabı aklından geçirmemek, karşılık olarak ne söylesem de sustursam şunu diye düşünmemektir. Nasıl başlıyor Peygamber efendimiz Veda Hutbesi'ne: "Ey insanlar! Sözümü iyi dinleyiniz!"

Dinleyebilmek ayrı bir sanattır:

- Öncelikle sabırlı olmak ve karşınızdaki insanın iletmeye çalıştığı mesajına saygı duymak gerekir.
- Dikkatinizi dağıtacak başka şeylerle ilgilenmemek de bu saygının bir ifadesidir.
- En önemlisi de önyargısız dinleyin. Din ayrımı yapmadan, statü farkı gözetmeden dinleyin. Herkesin hikâyesinden yeni bir şeyler öğrenebilirsiniz çünkü. Egonuzu bir kenara atın.
- Bazı zamanlarda anlatım tarzına, giyim tarzına, el kol hareketlerine takılabilirsiniz konuşanın. Siz nasıl söylendiğini değil, ne söylendiğini dinlemeye çalışın.
- Önemli olduğunu düşündüğünüz noktaları not alabilirsiniz. Bu dikkat seviyenizi artıracaktır.
- Doğru şeyleri anladığınızı teyit etmek maksadıyla zaman zaman konuşan kişinin söylediklerini kendi cümlelerinizle ona özetleyebilirsiniz.

- Babaannemin hep kullandığı bir deyiş vardı: "Öfkeyle kalkan zararla oturur." İyi bir dinleyici olmanın yanında ani tepkiler vermekten de kaçının. İşittikleriniz sinir bozucu olabilir fakat duymanız gerekenler belki de çok farklıdır. Derin bir nefes alın harekete geçmeden önce ve inek sürüsüne dalmaktan kurtarın kendinizi.

> *"Bir duruşu olmalı insanın*
> *bir bakışı, bir anlayışı*
> *bir aşkı, bir davası olmalı."*
>
> – Cahit Zarifoğlu

Değerlerinizden taviz vermeyin.

Evet, tıpkı göl kenarındaki sazlar gibi eğilmesini bilin fırtınalı anlarda, ama asla kırılmayın. İnsana özgü bir davranıştır; doğru olduğunuzda hiç kimse hatırlamaz, yanlış yaptığınızda ise hiç kimse unutmaz. Karşılaştığımız bu tutum ve davranışlar zamanla insanı bazı değer yargılarından uzaklaştırabilir istemeden. Değerler alanında ait üç türlü yargıdan bahsedebiliriz:

- Estetik yargılar (güzel-çirkin)
- Dini yargılar (sevap-günah)
- Ahlaki yargılar (iyi-kötü)

Değer yargıları bir gerçekliği değil, bir değerlendirmeyi içerir, özneldir. Kişiye göre farklılık gösterir. Kişinin yetiştirilme tarzına, yaşadığı yere, çevresinde olanlara göre değişir ve şekillenir. Taviz vermek ne demektir peki? Asla vazgeçilemeyecek değerler ve prensiplerinden ödün vermek, onları koruyamamaktır. Zorluklarla mücadele etmek yerine kolay yolu seçmektir, dış etkenlerden kaynaklı sebeplere boyun eğmektir.

Taviz vermek ateşten gömlektir. Çünkü taviz tavizi doğurur. Önce özsaygınızı ve öz disiplininizi, sonra dürüstlüğünüzü, belki manevi inançlarınızı taviz verirsiniz, devamında kişisel güvenliğinizi, sadakatinizi, istikametinizi ve belki de en nihayetinde insanlığınızı... İpin ucu kaçar gider. Hatta zamanla insan buna alışabilir bile. İmam Şafi diyor ya: "Haramın en zoru başıdır, sonra kolaylaşır. Sonra sıradanlaşır, sonra alışılır, sonra tatlanır, sonra kalbe yerleşir ve sonra kalp başka bir haramı arar." Taviz vermek de böyledir.

Vaktiyle aynı ormanda yaşayan bir aslan ve bir inek sürüsü varmış. Aslan sürüsünün gözü inek sürüsündeymiş hep ancak inek sürüsü kendini savunacak kadar kalabalık ve güçlüymüş.

Aslanlar açlıktan yorgun, halsiz, güçsüz kalmışlar. Düşünüp taşınıyorlarmış; ineklere saldırırlarsa kolay olmayacakmış. Daha kolay bir şekilde, çaba sarf etmeden, enerji harcamadan nasıl karınlarını doyurabilirler, bunun yollarını arıyorlarmış.

Aralarında konuşup anlaşıp, inek sürüsüne içlerinden bir aslanı elçi olarak göndermişler. Elçi demiş ki:

"Size saldırırsak ne olacağını biliyorsunuz. Mutlaka aranızdan birini alıp yiyeceğiz, buna engel olamazsınız. Gelin, kendinizi de bizi de uğraştırmayın. Aranızdan birinin rengi çok sarı, sizden de farklı, bizim de gözlerimizi alıyor. Onu bize verirseniz size saldırmaktan vazgeçeriz, onu alıp gideriz ve bir daha gelmeyiz. Bundan sonra da güzel güzel geçiniriz."

İnekler düşünmüşler taşınmışlar, bilge ineğe sormuşlar. "Olmaz!" demiş bilge inek. "Aramızdan hiç kimseyi vermeyin." Ama aslanlar ısrarlı. En sonunda razı olmuş inekler, nasıl olsa saldırırlarsa birimiz gidecek, hem biz de çok yorulacağız. Zaten bir inekten ne çıkar? Biz büyük bir sürüyüz, bize bir şey olmaz. Vermişler sarı ineği, aslanlar da sarı ineği bir güzel yemişler, karınlarını doyurup kendilerine gelmişler.

Birkaç gün sonra aslanlar tekrar acıkmışlar, elçi yeniden ineklerin yanına gelmiş:

"Aranızda boynuzu kırık bir inek var, gözümüze batıyor, sinirimizi de çok bozuyor. Olacakları az çok tahmin ediyorsunuz hayır derseniz. Verin onu, kendinizi de bizi de uğraştırmayın boşuna.

Bizim inekler ikinci tavizi de vermişler, boynuzu kırık inek de gitmiş. Artık işi çözen aslan sürüsü, benekli inek, kuyruğu kısa inek, şöyle inek, böyle inek diyerek inekleri tek tek almışlar sürüden. İneklerin sayısı iyice azalmış. Artık aslanlar elçiye gerek bile duymuyorlarmış. İstedikleri ineği sürüden götürüp yemeye başlıyorlarmış.

Koca sürüden kalan üç beş inek panik içinde tekrar bilge ineğe koşmuşlar.

"Biz nerede hata yapıyoruz, sürümüz yok olacak!" demişler.

Bilge inek cevabı vermiş:

"Siz hatayı sarı ineği verirken yaptınız..."

En büyük hatamız,
tökezleyip düşerken herkesi
tutunacak kadar adam
sanmamızdır.

Yolunuzda ilerlerken her zaman çelme takanlar olacağını unutmayın.

Bizim coğrafyamızda başarı pek hoş karşılanmaz. Yalnızlık, kıskanılmak, alicengiz oyunlarına maruz kalmak büyük fikirlerin kaderidir. Düşseniz de kalkmasını, duyduğunuz yalan yanlış tenkitlere kulağınızı tıkamayı bilin ve inandığınız yoldan şaşmayın.

Cehennemde yeni işe başlayan zebani, kıdemli zebani tarafından gezdiriliyormuş. Her yerde dev, kaynar kazanlar, her birinin başında da zebaniler duruyormuş. Kocaman bir kazanın başında beş zebani bekliyormuş.

"Bu ne demiş?" merakla yeni zebani.

"Bu Almanların kazanı, sürekli birlik olup yardımlaşıp üst üste çıkarak yukarıya tırmanıyorlar ve oradaki zebaniler de tırmananı tekrar aşağıya atıyor."

Biraz daha ilerlemişler dev bir kazan daha.

"Peki burada niye üç zebani bekliyor?"

"Bu da Amerikalıların kazanı, bunlar da arada yardımlaşıp çıkmaya çalışıyorlar ve görevliler yukarıya çıkanı aşağıya atıyor."

İleride bir kazan daha görmüşler ama başında hiç zebani falan yok. Hemen atılmış:

"Yahu bu kazanda niye görevli zebani yok, boş mu?"

Kıdemli artık bıkkın bir şekilde cevaplamış:

"O Türklerin kazanı. Görevli zebaniye gerek kalmıyor. Zaten içlerinden birisi çıkmak için çaba sarf ettiğinde diğerleri birlik olarak hemen onu aşağıya çekiyor."

En iyi olmanın da zararları var. Alternatifin olmuyor mesela.

İşinize hâkim olun ve püf noktalarını iyi bilin

Bir fabrikada makinelerden biri arızalanır. Tek bir makine yüzünden tüm üretim durur ve her geçen süre patronun zarar etmesi demektir. Tüm teknik personel, mühendisler ve ustalar arızayı gidermek için makinenin başına toplanır ama nafile.

Patron çaresiz personelini izlemektedir. O sırada fabrikanın bekçisi patronun yanına gelir:

"Efendim, şehir merkezinde bir usta var. Elinden her iş gelir. Müsaadeniz olursa çağıralım. Tamir edemediği şey yoktur."

Patron çaresiz bir şekilde bekçinin teklifini kabul eder. Usta fabrikaya gelir. Önce arızalı makinenin etrafında bir tur atar. Yanında getirdiği alet çantasından bir çekiç çıkarır. Makinenin birkaç yerini eliyle yokladıktan sonra tek bir defa çekiç ile vurur.

Daha sonra merakla ne olacağını izleyen kalabalığa dönerek "Makineyi çalıştırır mısınız?" der.

Teknik eleman düğmeye bastığı gibi makine tıkır tıkır çalışmaya başlar. Tüm personel şaşkınlık ve sevinç içinde olayları izlerken uzaktan izleyen patronun da yüzünde bir tebessüm oluşur.

Patron, kimsenin çözemediği arızayı gidermeyi başaran ustayı çay ısmarlamak için odasına davet eder. Ustaya teşekkürlerini sunar. "Ellerine sağlık ustam, sayende büyük bir zarardan kurtulduk, borcumuz ne kadar?" diye sorar.

Usta kendinden emin ve sakin bir şekilde, "On bin lira efendim" der.

Ücreti duyan patron soğuk terler döker, gözleri fal taşı gibi açılır. "Ne yaptın usta Allah aşkına? On bin liralık ne yapıldı ki?" der ve sinirli bir şekilde ekler: "Madem öyle, senden ayrıntılı bir fatura istiyorum."

Usta gayet sakin bir şekilde "Elbette efendim" diyerek çantasına uzanır ve fatura koçanını çıkarır. Faturayı yazıp imzalar, kaşeler ve patrona uzatır. Patron faturanın detayını görmek için merakla alır. Fatura şöyledir:

Çekiçle vurmak 100 lira.
Çekici nereye vuracağını
bilmek 9900 lira.

Evet, sevgili dostlar, başarı her zaman bir fikir üretip hayata geçirmek ile olmaz. Tecrübe ve birikim olmadan yapılan çok az iş başarıya ulaşmıştır. Bazı insanların işlerinde bu kadar başarılı olmalarının nedeni, karşılaştıkları olumlu ya da olumsuz olaylardan tecrübe edinip zamanla püf noktaları yakalamalarıdır. "Meslek sırrı" denilen şey tam olarak budur.

Bu bir öğretmenin konuyu anlatma tarzından bir annenin yaptığı pirinç pilavına kadar çeşitlilik gösterir. Herkese aynı tarifi ve aynı pirinci verseniz de sunulan pilavların lezzetlerinin birbirinden farklı olduğunu görürsünüz. Bazen suyu ne kadar koyduğunun, tuzu ne zaman attığının bile önemi vardır çünkü.

İşin püf noktalarını bilmek hem o işi yapmayı kolaylaştırır hem de aranılan kişi olmanızı sağlar. Peki, işimizi kolaylaştıran bu ayrıntılara neden "püf noktası" dendiğini hiç düşündünüz mü?

Çinisiyle meşhur bir memlekette, bir çini ustasıyla çırağı yaşıyormuş. Zaman içinde çini işiyle alakalı tüm ayrıntıları öğrendiğini, çiniye nasıl şekil verileceğini, hangi renklerin nasıl kullanılacağını öğrenen çırak, artık kendi atölyesini açabileceğine inanmış ve ustasının yanından ayrılmış. İşler pek umduğu gibi gitmemiş ne yazık ki. Fırına sürdüğü çinilerin hepsi bir süre sonra çatlıyormuş. Bu işin böyle devam edemeyeceğini anlayan çırak dükkânını kapatıp ustasına uğramış ve olanları anlatmış.

Ustası eski çırağın atölyesine gitmeyi ve bir sefer de çiniyi birlikte yapmalarını önermiş. Tüm işlemleri tamamlayıp da sıra çömleği fırına vermeye gelince usta araya girmiş. Çömleği almış eline, evirip çevirmiş. İyice inceledikten sonra bir yerine püf diyerek üflemiş, sonra da çırağına dönüp "Bak evladım, bu işin püf noktası budur, eğer çömleğin üzerinde ufacık bir hava kabarcığı kalırsa çömleği çatlatırsın. O yüzden fırınlama yapmadan önce çömleğin üzerindeki kabarcıkları minik de olsa üfleyip söndürmen gerekir" demiş.

Böylelikle bir işi kolay ve en iyi yapmanın ayrıntıları bu isimle anılır olmuş.

Sizce vazoyu kim kırdı?

1: ?

2: ?

3: ?

4: ?

Cevap kitabın sonunda.

Son ırmak kuruduğunda, son ağaç yok olduğunda, son balık öldüğünde beyaz adam paranın yenmeyen bir şey olduğunu anlayacak.

– Kızılderili atasözü

Kızılderili şefi Seattle'ın Beyaz Saray'a mektubu

Çevre üzerine yapılmış en güzel ve en samimi anlatımlardan biri olan bu konuşma 1854'te halkının topraklarını satması istenmesi üzerine Kızılderili şefi Seattle tarafından yapılmıştır. Washington'da muhafaza edilen konuşma daha sonra Amerikan Expo 74'te sunulmuştur. UNEP (Birleşmiş Milletler Çevre Programı) tarafından da yayımlanmıştır.

"Washington'daki büyük şef topraklarımıza sahip olmak istediğine dair sözünü göndermiş. Büyük şef dostluk ve iyi niyet sözlerini göndermiş aynı zamanda. Oldukça nazik bir hareket bu. Çünkü karşılığında bizim dostluğumuza çok az ihtiyacı var. Ama teklifini değerlendireceğiz. Eğer toprakları satmazsak beyaz adam silahlarla buraya uğrayıp toprağımızı alabilir, biliyoruz. Gökyüzünü, toprağın ısısını nasıl satabilirsiniz peki? Bu fikir garip geliyor bize. Eğer havanın tazeliğinden ve suların parıltısından yoksunsak, nasıl satın alabilirsiniz onları? Bu dünyanın her bir noktası insanlarım için kutsaldır. Parlayan çam iğneleri, tüm kumsallar, karanlık ormanlardaki sis, tüm açık alanlar, vızıldayan böcekler, halkımın deneyim ve anılarında kutsaldır. Ağaçların gövdelerinden akan sular Kızılderililerin anılarını taşır.

Beyaz adamın ölüleri yıldızlar arasında yolculuğa çıktıklarında, doğdukları toprakları unuturlar. Bizim ölülerimiz bu güzel dünyayı asla unutmazlar. Çünkü o Kızılderili'nin anasıdır. Biz dünyanın bir parçasıyız ve o da bizim parçamız. Güzel kokan çiçekler kız kardeşlerimizdir bizim; geyik, at, büyük kartal, bunlarsa bizim erkek kardeşlerimiz, kayalık tepeler, çayırlardaki ıslaklık, tayın vücut ısısı, hepsi aynı aileye aittir. Öyleyse, Washington'daki büyük şef toprağımızı almak isteyince bizden çok şey istemiş oluyor.

Büyük şef bize rahatça yaşamımızı sürdürebileceğimiz bir yer ayıracağını teminat veriyor. O bizim babamız olacak ve biz de onun çocukları olacağız. Öyleyse, toprağımızı alma teklifini değerlendireceğiz, fakat bu hiç kolay olmayacak. Çünkü bu topraklar bizim için kutsaldır. Dereler ve nehirlerden akan, parıldayan sular, sadece su değil, atalarımızın kanları var hepsinde. Eğer size toprak satarsak, kutsal olduklarını hatırlamalısınız ve çocuklarınıza da toprakların kutsal olduğunu aktarmalısınız. Göllerin berrak suyundaki her hayali yansımada halkımın yaşamından anılar ve olaylar vardır. Suyun şırıltısı babamın babasının sesidir. Nehirler erkek kardeşlerimizdir, susuzluğumuzu giderdiler, nehirler kanolarımızı taşırlar ve çocuklarımızı beslerler. Eğer size toprağımızı verirsek, nehirlerin bizim ve sizin kardeşlerimiz olduğunu hatırlamalı ve çocuklarınıza öğretmelisiniz. Bu nedenle nehirlere kardeşinize göstereceğiniz kibarlığı göstermelisiniz.

Kızılderililer ilerleyen beyaz adam önünde her zaman geri çekildiler. Dağlardaki sisin sabah güneşini görünce yok oluşu gibi. Ama babalarımızın külleri kutsaldır. Mezarları kutsal topraklardır ve bu tepeler, ağaçlar, dünyanın bu parçası bize bahşedilmiştir. Beyaz adam bizim âdetlerimizi anlamaz. Toprağın her parçası aynıdır onun için, çünkü gelip topraktan ihtiyacı olanı alıp giden bir yabancıdır o.

Dünya ile kardeş değil düşmandır ve onu fethetti mi ilerlemeye devam eder. Babalarının mezarlarını bile bırakır giderler, aldırmazlar. Çocuklardan dünyayı kaçırırlar. Aldırmazlar. Babalarının mezarları ve çocuklarının hakları unutulmuştur. Annesi dünyaya ve kardeşi göğe, satın alınan, yağma edilen birer malmış gibi davranır. İştahı dünyayı yiyip bitirecek ve geride sadece bir çöl bırakacaktır.

Bizim yolumuz sizinkilerden farklı. Sizin şehirlerinizin görünümü bizim gözlerimize acı verir. Ama bu belki de Kızılderili olarak vahşi olduğumuzdandır ve anlamadığımızdandır. Sizin şehirlerinizde sakin yer yoktur. Baharda yaprakların açılışını görecek, böceklerin kanat çırpışlarını duyacak yer yoktur. Ama bu belki de Kızılderili olarak vahşi olduğumuzdandır ve anlamadığımızdandır. Eğer bir kuşun yalnız ağlayışını veya su birikintisi etrafında toplanan kurbağaların seslerini duymazsak hayatın ne anlamı kalır? Bir Kızılderili'yim ve anlamam. Kızılderili suyun üzerine vuran rüzgârın naif sesini ve yağmurun temizlediği ya da çamın koku verdiği rüzgârın kokusunu tercih eder.

Hava Kızılderili için değerlidir. Çünkü her şey aynı nefesi paylaşır. Hayvanlar, ağaç, insan, hepsi aynı havayı solur. Nefes aldığı havayı, beyaz adam önemsemiyor gibi. Günlerdir ölü bir adam gibi kötü kokuyla uyumuş. Ama eğer size toprağımızı satarsak, havanın bizim için değerli olduğunu hatırlamalısınız, çünkü hava, sağladığı tüm yaşamla aynı ruhu taşır.

Ve toprağımızı alma teklifini düşüneceğiz. Eğer kabul edersek bir şart koyacağım. Beyaz adam bu toprağın hayvanlarına kardeşleri gibi muamele edecek. Ben vahşiyim ve başka bir yoldan anlamam. Beyaz adamın geçerken trenden vurup bıraktığı binlerce bufalo gördüm, çayırlarda çürümüştü. Ben vahşiyim ve dumanlı demir atın, bizim sadece canlı kalmak için öldürdüğümüz bufalodan nasıl daha önemli olabildiğini anlamıyorum.

Hayvanlar olmadan insan ne anlama gelir? Bütün hayvanlar yok olsa, insan, ruhun büyük yalnızlığından ölürdü. Çünkü hayvanlara olanın aynısı kısa süre içinde insana da olur. Her şey birbirine bağlıdır. Ayaklarınızın altındaki toprağın büyükbabalarımızın külleri olduğunu çocuklarınıza öğretmelisiniz. Böylece toprağa saygı duyarlar. Çocuklarınıza, toprağın akrabalarımızın yaşamlarıyla dolu olduğunu söyleyin.

Çocuklarınıza kendi çocuklarımıza öğrettiğimizi öğretin. Dünya annenizdir. Dünyaya ne olursa, dünyada yaşayanlara da aynısı olur. Eğer insanlar yere tükürürse kendi üzerlerine tükürürler.

Bunu biliyoruz biz. Dünya insanın malı değildir. İnsan dünyanındır. Bunu biliyoruz biz. Bütün her şey bir aileyi bağlayan kan gibi birbirine bağlıdır. Dünyaya ne olursa, dünyada yaşayanlara da aynısı olur. Hayat ağını insan örmedi, o sadece bir lif onun içinde. Ağa ne yaparsa olan kendine olur.

Ama halkım için ayrılan bölgeye gitme teklifinizi düşüneceğiz. Sizden uzak ve barış içinde bir yaşam süreceğiz. Geri kalan günlerimizi nerede geçirdiğimiz çok az önemli. Çocuklarımız babalarının yenilgiyle aşağılandığına şahit oldular. Savaşçılarımız utanç içindeler ve yenilgiden sonra günlerini aylak aylak dolaşarak ve vücutlarını tatlı yiyecekler ve sert içkilerle kirleterek harcıyorlar. Geri kalan günlerimizi nerede geçirdiğimiz önemli değil.

Kardeş gibi de yaşayabiliriz. Göreceğiz. Bildiğim bir şey var ki beyaz adam belki bir gün farkına varacak. Tanrı'mız aynı Tanrı. Şimdi sizin bizim toprağımızı ele geçirmeyi istediğiniz gibi ona da sahip olduğunuzu sanabilirsiniz. Ama olamazsınız. O tüm insanlığın Tanrı'sı ve merhameti Kızılderililer için de beyaz adam için de aynı. Beyazlar da geçip gidecek dünyadan. Belki bütün diğer ırklardan önce. Yatağına pislik yığmaya devam et, bir gece kendi pisliğinde boğulacaksın.

Yok olurken, seni bu topraklara getiren ve bir nedenle sana bu toprakları ve Kızılderililer üzerinde hâkimiyet veren Tanrı'nın gücüyle yakılmış olarak parlayacaksın. Bu son, bize bir sır gibi, anlamıyoruz. Çalılıklar nerede? Gitmiş! Ve kıvrak taylarla av hayvanlarına elveda demek ne anlama gelir? Yaşamın sonu ve yaşamaya çalışmanın başlangıcı.

Evet, toprağımızı alma teklifinizi düşüneceğiz. Kabul edersek, bu vaat ettiğimiz ayrılan bölge için geçerli olacak. Orada kalan kısa günlerimizi dilediğimiz şekilde yaşayabiliriz belki. Bu dünyadan en son Kızılderili de yok olduğunda bu kıyılar ve ormanlar hâlâ halkımın ruhunu muhafaza edecekler. Çünkü halkım bu dünyayı, yeni doğanın annesinin yürek atışını sevdiği gibi sever. Siz de, eğer toprağımızı satarsak, onu bizim sevdiğimiz gibi kucaklayın. Onunla bizim ilgilendiğimiz gibi ilgilenin. Anısını onu aldığınızdaki gibi saklayın. Ve tüm gücünüzle, tüm aklınızla ve kalbinizle onu çocuklarınız için koruyun ve sevin. Tanrı'nın hepimizi sevdiği gibi.

Bildiğimiz tek şey var. Tanrı'mız aynı Tanrı. Bu dünya O'nun için değerli. Beyaz adam bile bu ortak kaderden ayrı tutulamaz. Bütün bunlardan sonra, kardeşçe de yaşayabiliriz. Göreceğiz."

Bir gün belki lazım olur diye
kenara sakladıklarımıza
keşke biraz da mutluluk katsaydık...

Kutu kutu pense, kasa kasa elma

ABD'nin önde gelen üniversitelerinden MIT ve Chicago çalışma motivasyonunu etkileyen etmenleri araştırmak maksadıyla bir deney yapıyor. Harvard'lı öğrencilere Lego kutuları dağıtılıyor ve belli bir ücret karşılığında Lego'ları kurmaları isteniyor. Geçilen her yeni kutuda öğrencilere verilen ücret azalıyor. Sonunda verilen para yapılan işe değmeyince öğrenciler Lego yapmayı bırakıyor.

İki aşamalı deneyin ilk aşamasında, öğrenciler Lego'yu bitirince her seferinde yeni bir kutu veriliyor. Kurdukları Lego'lar öğrencilerin önünde birikiyor. Diğer aşamada ise kurulan Lego'yu bir başkası hemen söküp yeniden kutuya koyuyor. Yani öğrenciler sadece kurmakta oldukları Lego'yu görüyorlar. Verilen ücret değişmiyor.

Şimdi sonuçlara bakalım:

- Yaptıkları Lego'lar sökülüp kutuya konan öğrenciler ortalama 7 Lego kutusunu tamamlayabiliyorlar.

- Tamamladıkları Lego'lar önünde biriken öğrenciler ise ortalama 11 kutuya kadar devam ediyor.

Bu fark neden kaynaklanıyor dersiniz? Onca emek verdikleri ürünü önlerinde görmek öğrencilerin motivasyonunu olumlu yönde etkiliyor çünkü. Çünkü insanın bulduğu şeyin değeri, ararken sarf ettiği emek kadar oluyor. Deneklere düşük ücretle daha uzun süre çalışmak cazip geliyor. Tek motivasyon kaynağı para olunca çalışmayı bırakıyorlar. Burada akıllara tek soru geliyor: Para tek başına motivasyon sağlar mı ya da mutluluk getirir mi? Günümüzde neyin önemli olduğunu bilebilmek, yaşamdaki öncelikleri belirlemek giderek imkansızlaşıyor. Bunun cevabı kimine göre iş hayatında yükselen bir kariyer ya da spor ile geçirilen sağlıklı bir hayat, kimine göre aile, para hatta yalnızlık...

Bu soruya dolaylı olarak bir cevap bulmak maksadıyla şaşırtıcı bir çalışma yapılıyor. Sene 1938. Harvard Üniversitesi lisans öğrencisi 268 erkek denek dünyanın en uzun süreli deneyine katılmak için seçiliyor. 1940-1945 yılları arasında bu deney ile ilişikli olarak ikinci bir deney için de toplam 456 denek çalışmaya dahil ediliyor. İkinci gruptaki 456 denek de, Harvard'lı akranlarının aksine, Boston'un gelir seviyesi düşük olan ailelerinden seçilmiş erkeklerden oluşuyor. Hatta denekler arasında 4 ABD senatörü ve birçok önemli isim çıkmasının yanı sıra katılan denekler arasında 1961 yılında bir suikasta kurban giden, eski ABD Başkanı John F. Kennedy bulunuyor.

İşte bu 724 öğrenci 1938'de başlayıp yaklaşık 75 yıl sürecek, uzun soluklu bir araştırmanın başrolünde oluyorlar. Uzun soluklu çalışmalar boyunca birçok araştırmacı görev alıyor, deneklerin kan örneklerinin alınmasından beyin taramalarının yapılmasına, psikolojik altyapılarının incelenmesine kadar farklı teknikler kullanılıyor. Birçok alanda düzenli olarak testlere ve detaylı sorulara maruz kalan, gözlem altında tutulan 724 erkek denek hayatları boyunca bu çalışma için gönüllü olarak yaşamaya devam ediyorlar.

Bu çalışma tek bir sorunun cevabını bulmak için yapılıyor: *"Mutluluğun formülü nedir?"*

Çalışmayı uzun süre yöneten George Vaillant, bu deneyin sonuçlarını bir kitapta 5 ana kategoride derliyor:

Sonuç 1: Alkol kullanımı insan hayatına önemli derecede zarar veriyor:

- Deneklerin boşanmalarındaki en büyük neden olmuştur.
- Depresyon ve sinir hastalıkları şikâyetlerinin ana nedenlerinden biridir.
- Alkol, sigara kullanımı ile birleşince erken yaşta meydana gelen hastalıkların ve ölümün en büyük nedenidir.

Sonuç 2: Maddi başarı belli bir noktadan sonra zekâ seviyesi ve işgücü ile alakalı değildir, samimiyet ile kurulan insan ilişkileriyle doğru orantılıdır:

- İnsan ilişkilerinde daha iyi olan deneklerin gelir ortalaması genel ortalamaya göre yılda 140.000 dolar daha fazla olmuştur.
- IQ seviyeleri düşük olan deneklerle, yüksek olan denekler arasında yaşam boyu kazandıkları maddi gelir açısından önemli bir fark görülmemiştir.

Sonuç 3: Deneklerin politik görüşleri ile cinsel yaşamları arasında doğrudan bir bağ vardır:

- Muhafazakâr olanların cinsel hayatları ortalama 68 yaşında son bulmuştur.
- Liberal olanların ise 80'li yaşlara kadar aktif bir cinsel hayatı olmuştur.

Sonuç 4: Çocukluk döneminde anneleri ile iyi bir ilişkisi olan deneklerin yetişkinliklerinde olumlu yönde etkiler gözlenmiştir:

- Anneleri ile iyi ilişkileri olan denekler, olmayanlara oranla yılda ortalama 87.000 dolar daha fazla kazanmıştır.
- Anneleri ile iyi ilişkileri olmayan deneklerde yaşlanınca bunamaya daha çok rastlanmıştır.
- Deneklerin anneleri ile olan ilişkileri babaları ile olan ilişkilerinden çok daha fazla işlerine etki etmiştir.

Sonuç 5: Çocukluk çağında babaları ile iyi bir ilişki tesis etmeyi başarabilen denekler:

- Yaşamlarını daha az korku ve kaygı içerisinde sürdürmüştür.
- Tatillerden çok daha fazla zevk almıştır.
- Denekler 75 yaşına geldiklerinde "hayattan memnun olma" seviyeleri daha yüksektir.

75 yıllık bu araştırma sonunda ise edinilen en net mesaj şu: "Bizleri sağlıklı ve mutlu kılan tek şey, insanlar ile kurduğumuz sağlam ve iyi ilişkiler."

Hayat kısa bir sahne. Oyunun sonunda herkesin imrendiği bir kariyeriniz olabilir. Her gün spor salonundan çıkmadığınız bir yaşam kurabilirsiniz kendinize. Hatta paralarınızı koyacak yer bulamayacak kadar zengin de olmak mümkün. Ancak iyi ilişkiler kurmanın ve sevgi dolu bir kalpte olduğunu bilmenin verdiği hazzı hiçbirinde yakalayamazsınız.

Burada iyi ilişkiler kurmaktan kastım tamamen kaliteli olması gerektiğidir. Elinizde koca bir kasa elma olduğunu düşünün. Onlarca elma var. Nicelik olarak bir doygunluk sağlayabiliyorlar. Çünkü sevdiğiniz meyveden bir sürü var elinizde. Konu niteliğe gelince sorun başlıyor. Burada kalite devreye giriyor ve elinizde aslında baktığınızda bir tane bile kaliteli, olgunlaşmış elma yok. Hepsi çürük.

İlişkiler de biraz böyle. Bu dünyada yüz binlerce takipçisi, arkadaşı olup da kendi yalnızlığında boğulan o kadar insan olmazdı yoksa. Büyük bir arkadaş grubunuzun olması ya da romantik ilişkinizde size her fırsatta paha biçilmez hediyeler alınıyor olması önemli değil. Önemli olan ilişkilerinizin derinliği, o kişilerin yanlarında kendinizi ne kadar güvende hissettiğiniz. Yani nicelik değil nitelik. Söylemesi hoş duruyor ama şöyle de bir paradoks var: Nicel değişimde belli bir olgunluğa eremeden nitel değişimi yaşayamıyoruz. Niteliğin değişmesi nicel yeterliğe ulaşarak oluyor. Daha korkutucu bir deyişle, elinizdeki bir kasa çürük elmayı teker teker yemeden içindeki tek sağlam olanı bulamıyoruz.

Araştırmayı 1972-2004 yılları arasında yürüten Harvard'lı psikiyatr George Vaillant'a göre duygularımızı yöneten iki yapısal unsur mevcut:

1. Aşk
2. Aşkı ikinci plana atmadan hayatla baş edebilmenin bir yolunu bulma

Yani aşk varsa zaten her şey güllük gülistanlık. Ama sevdiğiniz birini kaybetme, işten kovulma, dermansız bir hastalığa yakalanma gibi travmatik bir dönemden geçiyorsanız ve üstesinden gelemiyorsanız sonunda aşkı da bir kenara itiyorsunuz.

Konu baktığınızda yine dönüp dolaşıp nereye geliyor biliyor musunuz? Kendimize. Duygularla ve stresle mücadele kapasitemizi öncelik haline getirmek gerekiyor. Kendi kişisel gelişimini ikinci planda tutan bireyler, hayatındaki ilişkileri de kaybediyor çünkü.

Mutluluk, geride bıraktığı hüzünler arasından hatırlayamadıkları kadarıdır bir insanın.

Sizce mutluluk nedir?

Yol Senin İçinde kitabımda bazı düşünürlerin "Aşk nedir?" sorusuna verdiği cevapları derlemiştim sizler için. Çok güzel geri dönüşler almıştım. Aşk kadar kaçınılmaz olan bir ihtiyacımız için bakalım ne demişler? Ve daha önemlisi, siz ne düşünüyorsunuz: Mutluluk nedir?

Mutluluk ____ .

André Gide: Bu anı geçmişteki diğer anlarla karşılaştırmaktan kaçınmaktır.

Albert Camus: Uzun soluklu bir sabırdır.

Aristo: Erdemli bir yaşamdır.

Ayn Rand: Kendine değer vermeyi öğrenmektir.

Aldous Huxley: Zor zanaattır, özellikle de konu başkalarının mutluluğu olunca.

Arthur Schopenhauer: Kendi kendine yetebilmektir.

Buda: Ulaşılacak bir sonuç değildir, yolun kendisidir.

Cengiz Aytmatov: Birbirini tamamlayan ufak tefek şeylerin birikimidir.

Charlotte Bronte: Paylaşmaktır.

Charles Dickens: Bir armağandır.

Dalai Lama: Şefkattir.

Epikür: Acıdan kaçınmaktır.

Edith Wharton: Kafanı mutlu olmaya takmamaktır.

Emerson: Kendinden başka hiçbir şeydir.

Farabi: İnanmaktır.

George Orwell: Özgürlüktür.

Gabriel García Márquez: Eksik parçanı bulmaktır.

Hunter S. Thompson: Kimsenin kalbine ve zihnine muhtaç olmamaktır.

Hayati İnanç: Acıyı sabırla, tatlıyı şükürle karşılamaktır.

İbni Rüşd: Nazari yetkinlik ve amel bütünlüğüdür.

Jim Rohn: Özünüzden nasıl keyif alınacağını öğrenme sanatıdır.

Jacques Ranciere: Yarının işidir.

Jack Kerouac: Her şeyin muazzam garip bir rüya olduğunu fark etmektir.

J. M. Barrie: Sevdiğin şeyi yapmak değil, yaptığın şeyi sevmektir.

Kıbrıslı Zenon: Doğaya uygun yaşamak ve ölçülü davranmaktır.

Lev Tolstoy: Alegoridir.

Mark Twain: Akıl sağlığından yoksun olmaktır.

Margaret Atwood: Etrafı camdan duvarlarla çevrili bir bahçedir: Ne girişi vardır ne de çıkışı.

Marcus Aurelius: Çabaladıkça imkânsızlaşan bir şeydir.

Mahatma Gandi: Ne düşündüğünüz, ne söylediğiniz ve ne gibi bir uyum içinde olduğunuzdur.

Nietzsche: İdeal tembelliktir, endişesiz ve sıkıntısız yaşamak.

Nevzat Tarhan: Kendini bilmektir.

Orhan Pamuk: İnsanın sevdiği kişiye yakın olmasıdır.

Paulo Coelho: "An"a odaklanmaktır.

Platon: İyiyi istemek, iyiye yönelmektir.

Robert Louis Stevenson: Küçümsediğimiz şeydir.

Sokrates: İnsan doğasının peşinden koştuğu şeydir.

Spinoza: Kusursuzluk ve güçlü olmaktır.

Victor Hugo: Sevildiğine ikna olmaktır.

Ben mutluyum sevgili okur. Çünkü gönüllü ya da tesadüfi olarak bana sunulmayan hiçbir şeyi arzulamadığım bir noktaya ulaştım. Önüme konulanlar karşısında artık seçilen değil seçen konumundayım, yani bir adım önde...

Peki ya sen mutlu musun?
Sence mutluluk nedir?

Benim için mutluluk:

1. ____________________

2. ____________________

3. ____________________

Elyazın ile mutluluk hakkındaki fikirlerini e-posta ya da sosyal medya hesaplarından mesaj atarak/etiketleyerek bizimle paylaş lütfen.

e-posta: kinsunofficial@gmail.com
instagram: @kinsunofficial

Çoğunluk sizi aldatmasın

İnsanların:

Çoğu iman etmez
Bakara: 100

Çoğu şükretmezler
Bakara: 243

Çoğu fasık kimselerdir
Âli İmran: 110

Çoğu günahta, düşmanlıkta, haram yemede birbirleriyle yarışır
Maide: 62

Çoğu ancak zannın ardından gider
Yunus: 36

Çoğu Kuran'a inanmazlar.
Hûd: 17

Çoğu Allah'a ancak ortak koşarak inanırlar.
Yusuf: 106

Çoğu Allah'ın nimetini bilirler, sonra da inkâr ederler
Nahl: 83

Çoğu nankörlükte diretirler
Furkan: 50

Çoğu iman etmiş değillerdir
Şuara: 121

Çoğu yalancıdır
Şuara: 223

Çoğu akıllarını kullanmazlar
Ankebut: 63

Çoğu kıyamet gününe inanmazlar
Mümin: 59

Çoğu haktan hoşlanmazlar
Zuhruf: 78

Önce sen

Kimseyi tek kalemde silmez insan. Ödünler verir, çok şeyi alttan alır, görmezden gelir, çok büyük badireler atlatır. Herkes bir çırpıda oldu sanır ama gözden çıkarmamak için büyük çaba verilir.

Susup, sineye çektiğinde dünyanın en harika insanısındır. Herkes senden anlayış bekler. Nereye dönsen anlayış isterler. Kimse sormaz sen nasıl hissediyorsun, neden böyle yapıyorsun diye. Sabrın tükenip de duymak istemedikleri gerçekleri, hak ettikleri davranışları sergileyince de dünyanın en nankör insanı olursun.

Önce kendin için yaşa. Önce kendini sev. Önce kendine anlayış göster. Sonra başkaları...

Sen beni tam anladığında
ben de seni tamamlarım.

Temsil sistemleri

Üniversiteden mezun olurken, "Bir daha termo yok! Akışkanlar yok! Yöneylem yok!" diye seviniyordum. Elime bir daha kitap almayacağıma dair kendimce anlamsız sözler vermiştim. Gerçi, ne kadar sıktılarsa demek! Büyük lokma ye büyük konuşma derler. Bırakın kitap okumayı, yazar oldum hem de. Bir şeyi kaçırmıştım o zamanlar. Öğrencilik aslında bize dayatılan birkaç seneden ibaret değildi. Hayatın kendisi bir okuldu ve biz hep öğrenen tarafta olacaktık. *Peki sizin öğrenme biçiminiz hangisi ya da çocuğunuzun? Hiç düşündünüz mü? Bu sorunun cevabını keşfedebilmek kişinin kendisi için ya da okula giden çocukları olan ebeveynler için oldukça faydalı olabilir.*

Konuya farklı bir pencereden bakalım öncelikle. Radyo yayıncılığı tarihe karışacak seviyelerde değil mi? Bunun en önemli sebebi televizyon değil, bana sorarsanız "görüntü" unsurunun çekiciliğidir. Neden mi?

Yapılan araştırmaların ortak paydada buluştuğu rakamlara göre insan yaklaşık olarak:

- %1 tat alarak
- %2 dokunarak
- %4 koklayarak
- %12 işiterek
- %81 görerek öğreniyor.

Ve yine yaklaşık olarak:

- Okuduklarının %10'unu
- İşittiklerinin %25'ini
- Gördüklerinin, %30'unu
- Hem görüp hem işittiklerinin %50'sini
- Söylediklerinin %70'ini
- Davranışla beraber söylediklerinin %90'ını hatırlıyor.

Birey olarak her birimizin farklı yöntemlerle bilgiye ulaşma ve bilgiyi kayıt etme özelliği var. Kişiye özgü bu öğrenme biçimleri tespit edilerek oluşturulan çalışma sistemiyle eğitimde başarıyı artırabiliriz.

5 ana temsil sisteminden bahsedeceğim size. Bunlar bizim nasıl düşündüğümüzü de belirleyen maddeler aynı zamanda.

- Kokusal (Oldfactory)
- Tatsal (Gustatory)
- İşitsel (Auditor)
- Dokunsal (Kinesthetic)
- Görsel (Visual)

Koku ve tat ile öğrenme zaman içerisinde yok olmaktadır ancak son üç sistem baskın olarak bizde kalır. İnsanların

%70 kadarı her üç sistemle de düşünebilmektedir. Ancak bunlardan birisi baskındır her zaman. Yaklaşık %30'luk kesim ise sadece bir temsil sistemini kullanarak öğrenir.

Biraz sonra daha ayrıntılı olarak bahsedeceğim ancak öncelikle birkaç soru çözmeye ve size daha yakın olan temsil sisteminizi keşfetmeye ne dersiniz? Her ne kadar kesin bir yargıya varamayacak olsanız da fikir edinmeniz açısından yararlı olabileceğini düşündüğüm 14 soruluk bir test hazırladım sizler için. Nasıl mı çözeceğiz? Her soruya ait A, B ve C şıkları var. Size en yakın gelen şıkka 3 puan, daha az yakın olana 2, en uzak olana ise 1 puan vereceksiniz.

Temsil sistemleri testi		
1	**A)** Bir işe başlamadan önce her şeyi koordine ederim.	2
	B) Yapılacaklar listesini tutmadan bir işe başlamam.	3
	C) İnsanların konuşmalarını taklit yeteneğim oldukça iyidir.	1

Örneğin; 1. soruda bana en yakın seçenekler A ve B olsun. Ancak B şıkkına benim daha baskın olan bir özelliğimi yansıttığı için 3 puan, A şıkkına 2 puan ve taklit yeteneğim olmadığı için C şıkkına 1 puan yazıyorum.

Tüm sorulara puan verdikten sonra testteki tüm A şıklarına verdiğiniz puanları toplayın. Aynı şeyi B ve C şıkları için de yapın.

A'ların puan toplamı yüksekse Dokunsal'sınız.

B'lerin puan toplamı yüksekse Görsel'siniz.

C'lerin puan toplamı yüksekse İşitsel'siniz.

Puanların birbirine çok yakın olması algılama şeklinizin her ikisine hatta üçüne de yakın olduğunu gösterebilir. İlişkiye girmek istediğiniz ya da ilişkide olduğunuz kişinin dokunsal, görsel ya da işitsel olduğunu öğrendikten sonra onunla onun kanalından ilişki kurabilirsiniz.

Temsil sistemleri testi		
1	**A)** Bir işe başlamadan önce her şeyi koordine ederim.	
	B) Yapılacaklar listesini tutmadan bir işe başlamam.	
	C) İnsanların konuşmalarını taklit yeteneğim oldukça iyidir.	
2	**A)** Çalışma ortamım konforlu ve rahat olmalı.	
	B) Ortamın temiz ve düzenli olması daha önemlidir.	
	C) Çalışma ortamım öncelikle sessiz bir yer olmalıdır.	
3	**A)** Spor yapıyorum. Çünkü bitirdikten sonra kendimi çok iyi hissediyorum.	
	B) Arabayla gittiğim bir yeri ikinci seferde elimle koymuş gibi bulurum.	
	C) Yapacağım şeyleri çoğu zaman yüksek sesle kendime hatırlatırım.	
4	**A)** İnsanları kendimce uygun sebeplerden dolayı ya severim ya da sevmem.	
	B) Birini değerlendirirken en önemli kriter görünüşüdür benim için.	
	C) Arkadaşlarım çok iyi bir dinleyici olduğumu söylerler.	

5	**A)** Seyretmek bana göre değil. İyi bir katılımcıyımdır.	
	B) Bir konferansta verilen bilgilerden daha çok konuşmacı dikkatimi çeker.	
	C) Sesli kitapları matbu kitaplara tercih ederim.	
6	**A)** Konuşurken, bir işi hallederken ellerimi sık sık kullanırım.	
	B) Fotoğraf çekmek bana çok zevk verir.	
	C) Çalan bir müzik duyduğumda beni genelde ona eşlik ederken görürler.	
7	**A)** Uzun süre görmediğim insanların yüzlerini anımsamakta zorlanırım.	
	B) İsim hafizam iyi değildir ama gördüğüm bir yüzü asla unutmam.	
	C) Telefonda duyduğum bir sesi nerede duysam tanırım.	
8	**A)** Karşımdaki insanla konuşurken bir şekilde temas etme gereği duyarım.	
	B) İnsanları izlemeyi çok severim.	
	C) Çevremdeki insanlar benimle rahat konuşabildiklerini söylerler.	
9	**A)** Konforlu bir arabayı hiçbir şeye değişmem.	
	B) Araba dediğin tertemiz olmalı. Her hafta 2-3 kez yıkatırım.	
	C) Arabamı sürerken normalin dışında çıkardığı bir sesi anında fark ederim.	

10	**A)** Dışarı çıkmayı ve sahilde biraz yürümeyi tercih ederim.	
	B) Televizyon karşısında vakit geçirmeyi tercih ederim.	
	C) Bir yazıyı okumak yerine bana anlatılmasını tercih ederim.	
11	**A)** Tanıdığım kişileri gördüğümde genelde ilkönce tokalaşırım.	
	B) İnsanları çoğu zaman dış görünüşlerine göre değerlendiririm.	
	C) İnsanların sesi içtenliklerini eleverir, nerede olsa anlarım.	
12	**A)** Birilerini dinlerken mutlaka elimde bir şeylerle oynarım.	
	B) Bir konunun anlatılmasını değil nasıl yapıldığının gösterilmesini tercih ederim.	
	C) Bir şeyleri yüksek sesle anlatınca daha kolay anlaşılacağını düşünürüm.	
13	**A)** El şakası yapmaktan hoşlanırım.	
	B) İyi göründüğümü düşündüğüm zaman özgüvenim artar.	
	C) Arkadaşlarım ses tonumun güzel olduğunu söylerler.	
14	**A)** Sınavda bilmediğim soru varsa cevabı kafadan atmaktansa boş bırakırım.	
	B) Yazım oldukça okunaklı ve güzeldir, genelde hatasız yazarım.	
	C) Yazılı sınav olmaktansa sözlü sınav olmayı tercih ederim.	

1. GÖRSEL ÖĞRENME

- Bu kişiler genellikle düzeni severler, karışık ve dağınık ortamlardan hoşlanmazlar. Bu bir ilkokul öğrencisi bile olabilir, bir ofis çalışanı da. Okul çantaları her zaman düzenlidir. Çalışma masalarını asla dağınık göremezsiniz.
- Gözlem yaparak ve okuyarak en iyi şekilde öğrenirler. Talimatları, tabloları, grafikleri öğrenme sürecinde sıkça kullanırlar.
- Siz kitap ya da gazete okurken, okuduğunuz şeyin içine düşen, kafasını uzatmadan duramayanlar bu gruba girer.
- Sözlü ve uzun talimatları takip etmekte zorluk yaşayabilirler.
- Hızlı konuşurlar, sık ve hızlı nefes alırlar.
- Dış görünüşleriyle kendilerini belli ederler. Kılık kıyafetlerine fazlasıyla özen gösterirler çünkü.
- İnsanların yüzlerini unutmazlar ancak adlarını anımsamakta zorlanırlar.
- Bir konuyu hatırlamaya çalışırken gözlerinin önüne getirmeye çalışırlar.

Görsel öğrenenler için öneriler:

- Gürültülü ve hareketli ortamlarda verimli çalışamazlar.
- Grafikler, şemalar, multimedya araçları gibi eğitim yardımcı malzemeleri olmadan öğrenmede güçlük çekerler.
- Çalışma esnasında alınan notlar, tutulan özetler konuyu daha rahat öğrenmelerini sağlar.
- Önemli bölümleri renkli kalemlerle, konuyla alakalı sembollerle (√Önemli, *Buraya dikkat vb.) işaretlediklerinde daha rahat öğrenirler.

- Çalışılan konuları içeren küçük kartlar hazırlamak ve çalışırken bu kartlar kullanmak öğrenme hızını artırabilir.

2. İŞİTSEL ÖĞRENME

- Bu özelliğe sahip bireyleri kendi kendilerine konuşurken görebilirsiniz sıklıkla.
- Görsellere göre daha sosyaldirler, grup çalışmalarını severler.
- Ders çalışırken birilerinin kendilerine eşlik etmesi verimli bir çalışma ortamı sağlar. Sohbet havasında, dinleyerek, tartışarak çalışmayı tercih ederler.
- Ritmik, orta hızda, tane tane konuşurlar, göğüsten nefes alırlar.
- Bir konuyu birisi kendilerine anlatıyor ya da söylüyormuş gibi işiterek hatırlamaya çalışırlar.
- Duyduklarını daha kolay öğrenirler. Seminerler, ses kayıtları, müzik tam onlara göredir.
- Birisinden bilgi alarak, dinleyerek öğrenmeyi okumaya tercih ederler.
- Kendi duyabilecekleri seviyede bir sesle ya da içlerinden yüksek sesle okuma yaparlar.

İşitsel öğrenenler için öneriler:

- Çalışma grupları tam işitsellere göredir. Kendilerine eşlik edecek bir çalışma arkadaşı çok iyi bir öğrenme kaynağıdır.
- Sesli kitaplar ya da çalışma sırasında ses kaydı alıp tekrar dinleme yapmak öğrenmelerini kolaylaştırabilir.

- Okuma parçalarının ya da önemli olduğu düşünülen bölümlerin yüksek sesle okunması verimli bir çalışma ortamı sağlar.
- Arka fonda çalan sözsüz bir müzik dinleme çalışma ortamında tavsiye edilir.

3. DOKUNSAL ÖĞRENME (KİNESTETİK)

- Planlamaktansa olayın içinde olmayı ve bizzat uygulayarak, dokunarak sorunlara fiziksel müdahalede bulunmayı tercih ederler.
- Spor ve dans, deneyler, rekabet kinestetiklere daha fazla hitap eder.
- Dokunsallar için dış görünüş arka plandadır, öncelikle rahat etmelidirler.
- Diyafram nefesi alırlar, yavaş ve sakin konuşurlar.
- Bitmeyen bir enerjileri vardır ve sürekli hareket halinde olmayı severler.
- Uzun süreli konuşmalar hiç onlara göre değildir. Uzun süre boyunca aynı etkinliğe odaklanma konusunda da sıkıntı yaşarlar.
- Çoğu kez dikkat eksikliği belirtileri gösterebilirler.

Dokunsal öğrenenler için öneriler:

- Masa başında, uzun süreli ve düzenli bir çalışma ortamı çok da dokunsallara göre değildir.
- Performansa dayalı, proje temelli küçük grup çalışmaları için ideal kişilerdir.

DIASAN-TSEK 18.05.2011 - 14.11.35_1346/2667 SKT. 01/2029 KOEHLER KT55F20

D&R MUSIC BOOK STORE

www.dr.com.tr

Isısı +35 dereceyi geçmeyen, nem oranı % 80'in altında olan ortamlarda, ışık geçirmeyen ve kağıda zarar vermeyen kutularda saklanması gerekmektedir.

D&R
STORE

Türkuvaz Servis Sosyal Hizmetler ve Turizm A.Ş.
Gaziosmanpaşa V.D.
4040015316
Ticaret Sicil No:
150953
MERSİS No:
0464015531600015

e-Arşiv Fatura

TÜRKUVAZ SERVİS SOSYAL HİZMETLER VE TURİZM A.Ş.

FATURA

MERKEZ : Güzeltepe Mah.
15 Temmuz Şehitler Cad.
Türkuvaz Medya Tesisleri
Kat: 10 34060
Eyüpsultan / İSTANBUL
İstanbul Yeni Havalimanı
Dış Hatlar
Giden Yolcu Salonu
Tayakadın Mah.
Terminal Cad. No:1/1
Arnavutköy / İSTANBUL

Belge No........ : R01202200001298
ETTN............ : *** 020KN-30600000K0A0
Kasiyer......... : CAN CİHANER
Yolcu........... : CHET4429937 CDE
Yolcu........... : BAHCIVAN OLNGOEREN ILKNUR
Özellestirme No: TR 1.2
Fatura Tipi ..... : SATIS
Tarih:21/04/2022 No:1 100 13:23 Pas
Mağaza İHL YOLCU SALONU F5 BP1 C3400065

Kod	Cinsi	Fiyat	Adet	Tutar
1925327001	HER SEYI DUSUNME GIZ	4.50	[illegible]	[illegible]
1552485001	DIS GUZELLIK YASAKLANSIN	2.50	[illegible]	[illegible]
1965271001	HAYATI SES IZE ALMA VAKTI	3.00	[illegible]	[illegible]
Toplam			[illegible]	[illegible]

Ödeme Şekli
159.00 TL

This E-archive invoice can be viewed
by clicking on the earsivhur.dr.com.tr

- Çok fazla hareketsiz kalamadıkları için çalışma esnasında hareket etmelerine müsaade edilirse verimli bir çalışma ortamı sağlanmış olur.
- Telefonla konuşurken, kitap okurken odada volta atmak tam bunlara göredir.
- Kısa kitapları okumayı tercih ederler, yatakta ya da yerde yatarak çalışmak isterler.

Testi çözdük, puanları topladık, bunları öğrendik. Peki, algı kanallarının farkında olmak bize neler kazandırır? Her yöntemin kendine özgü olumlu ya da olumsuz yönleri mevcut elbette. Amaç burada yöntemleri kıyaslayıp üstün olanı tespit etmek değil. Öğrenme yöntemini farkına vardığımızda:

- Kendimizi tanır ve zayıf olduğumuz konularda gelişim sağlarız ve bu da başarıyı getirir.
- Seçimlerimiz konusunda bilinçlenir ve daha makul seçimler yapabiliriz.
- Öğrenme hızımızda ve kalitemizde fark yaratabiliriz.
- Çevremizdeki insanları daha iyi tanımaya, anlamaya başlarız.
- Bireysel farklılıkları kavrarız, saygı duyarız ve insanlarla sağlıklı ilişkiler kurmayı başarabiliriz.
- Rahatsız edici ya da bizi engelleyici özelliklerimizi törpüleyerek yeniden şekil verebiliriz.

İletişimde karşı tarafı doğru anlamak ve algıların açık olması önemlidir.

Örneğin işitsel bir eşiniz varsa sizden her daim sevgi sözcükleri duyma beklentisinde olduğunu bilirsiniz. Etrafınızda birbirlerine sürekli olarak sevgilerini söyleyen eşler işitseldirler. Ya da çocuğunuz işitselse ve derslerinde sorun yaşıyorsa sessiz bir ortamda çalışması gerektiğini, çalışırken sesli okuma yapması gerektiğini bilir ve ona göre yönlendirebilirsiniz. Ergenlik dönemindeki dokunsal olan çocuğunuz ile sağlıklı iletişim kurmaya çalışırken sadece sözlerin etkili olmayacağını bilirsiniz.

Ona dokunarak konuşmayı, sarılmayı denersiniz sıklıkla ve duygularını harekete geçirmeye çalışırsınız.

Çoğu ilişkide kurulmuş bir cümle vardır. İşitsel bir kadından şu cümleyi sık sık duyar bir erkek:

"Sen artık beni sevmiyorsun. Seni seviyorum demiyorsun artık!"

Aslında eşinin görsel olduğunu bilmiş olsa böyle bir beklenti içinde olmaz her zaman. Çünkü görsel bir erkek için sadece sözlerle ifade edilen bir sevgi gerçek sevgi göstergesi değildir. Tüm gün çabalayıp, çalışıp eve ekmek getiriyordur zaten.

İlişki içinde olduğumuz bireylerin temsil sistemini öğrendiğimizde onlarla olan iletişimimiz de verimli olur, iletmek istediğimiz mesajlar tam da yerine ulaşabilir.

Küçük Prens ekledi:

"Ama gözler kör.

Yüreğiyle bakmalı insan..."

Gözler beynin aynasıdır

Küçük Prens'e inat sizlere gözlerin aslında ne kadar önemli olduğunu anlatmaya çalışacağım. Okul yıllarınızda kaçınız bir soruyla karşı karşıya kaldığında öğretmeninden şu cümleyi duydu: "Ne bakıyorsun evladım? Cevaplar tavanda yazmıyor!" Peki, gerçekten de cevaplar yukarılarda saklı olabilir mi?

Biraz önce temsil sistemlerinden bahsettik. Ama oturup testle mi uğraşacağız, karşımızdaki kişiye nasıl olacak da "Hele bir otur, şu testi çöz de senin algı kanallarını keşfedelim" diyor olabilirsiniz? Ben de o zaman şunu söylerim sevgili dostlar:

"Gözler asla yalan söylemez."

Düşünürken gözlerinizin hareket biçimi, düşünme yönteminiz hakkında ciddi ipuçları verebilir. Düşünürken genellikle gözlerimiz yukarı, aşağıya ya da yanlara bakar. Aslında bunlar anlık tepkilerdir ve bunun farkına bile varmayız çoğu zaman.

Karşımızdaki insanda bu ayrıntıları yakalarsak onları daha iyi tanıma şansına da sahip olabiliriz. Örneğin görselleri bir soru üzerinde düşünürken görürseniz gözlerinin genellikle yukarıya ya da ileriye baktığına şahit olursunuz. İşitseller sola ya da sağa bakarak düşünürler. Dokunsallar ise aşağı yöne bakarlar.

Bu kısmı anladığımıza göre, ikinci hususa geçebiliriz: Geçmiş, gelecek durumu.

Sol taraf her algı tipinde geçmişi simgeler. Yaşanmış, tecrübe edilmiş olayları bu taraf kaydeder. Ayrıca matematiksel ve mantıksal işlevler de burada yürütülür.

Sağ taraf ise geleceği simgeler. Tüm algı tiplerinde beynin henüz gerçekleşmemiş olayları tasarladığı taraftır. Bu nedenle bir şeyi hayal ettiğimizde gözlerimiz sağ tarafa kayar.

Ufak bir örnekle pekiştirelim konuyu. Ortam biraz gerilecek ama neyse. Hani olmaz ya, farz edelim ki eşiniz eve geç geldi. Siz de "Neredeydin?" diye sordunuz.

Gözlerinizi dört açın ve pür dikkat eşinizin göz hareketlerine dikkat edin. Normal şartlarda bu durum-örneğin mesaiye kalma, trafiğin çok olması vb. geçmişle ilgili bir şey olduğu için gözlerinin ağırlıklı olarak sol tarafa bakması beklenir. Aralarda sağ tarafa bakıp cevap vermeye çalışıyorsa bu olmayan bir şeyi tasarladığı anlamına gelir. Yani muhtemelen yalan söylüyordur demeyelim de şaka yapıyordur diyelim, ortam gerilmesin. Çünkü bu uygulamaları ilk seferde deneyerek temsil sistemi ile ilgili kesin sonuçlara ulaşmak hatalı sonuçlara neden olabilir.

Gözlerin hareketlerini ve gelecek-geçmiş mantığını kafamızda oturttuysak şimdi sıra geldi son hususa: İki hareketi birleştirip yorumlamaya.

- ***Görsel Tasarlama:*** Gerçekte olmayan ya da hâlâ gerçekleşmemiş bir olayı, düş gücünün ürünü olan görüntüler düşünürken gözler sola ve yukarıya bakar. Örneğin; yeşil bir devi ya da uçmayı ya da mor bir fili hayal etmek...
- ***Görsel Hatırlama:*** Hafızamızda bulunan bir görüntüyü, anıyı hatırlamaya çalışırken gözler sağa ve yukarıya bakar. Örneğin; eski okul anılarını, geçmiş yaz tatillerini, İlk bisikletinizin rengini anımsamak...

Göz Erişim İpuçları

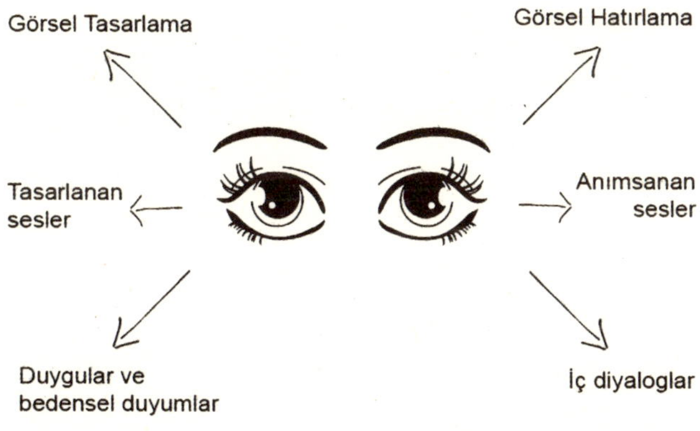

- ***Tasarlanan Sesler:*** Var olmayan bir sesi yaratmaya çalışırken gözler sola ve yana bakar. Örneğin; bir köpeğin insan gibi konuşması...
- ***Anımsanan Sesler:*** Daha önceden deneyimlediğimiz bir sesi anımsamaya çalışırken gözler sağa ve yana bakar. Örneğin; ormandaki kuş cıvıltıları, en sevdiğiniz şarkı, aracınızın motor sesi...
- ***Duygular ve Bedensel Duyumlar:*** Daha önceden tecrübe ettiğimiz bir anın duygusal etkisini anımsadığımızda gözler sola ve aşağıya bakar. Endişe duymak, bir kaktüse dokunmak, yağmurda ıslanmak...
- ***İçsel Diyalog:*** İçsel bir diyalog içine girdiğimizde, kendi kendimize telkinlerde bulunduğumuzda gözler sağa ve aşağıya bakar. Örneğin; gece uyumadan önce günü değerlendirmek, özeleştiri yapmak...
- ***Göz Hareketi Yok:*** İnsanlar sorunuzu doğrudan ve hemen yanıtladığında, bilgilerin zaten mevcut olduğunu anlayabiliriz ve çoğu durumda bir göz hareketine rastlamayız. En yakın dostunuzun yüz hatları, daha önce defalarca gittiğiniz bir yola ait harita gibi...

Dervişe sordular:

"Her şeyimi kaybediyor gibi hissediyorum,
içim hiç rahat değil."

Derviş dedi ki:

"Ağaçlara bak, her yıl yapraklarını
kaybediyorlar ama hâlâ ayaktalar.
Rabb'in vazgeçenlerin değil,
sabredenlerin yanındadır."

Hayatta en büyük saflık
herkesin ve her şeyin
göründüğü gibi olduğuna
inanmaktır.

Sevgili dostum, yeni bölüme geçmeden önce senden şu soruyu birkaç saniye içinde cevaplamanı istiyorum:

"Finlandiya'da kaç göl var?"

Ufak da bir ipucu:

"Cevap 100'den fazla."

Bir budala para kazanabilir ama onu harcamak için akıllı olmak lazımdır.

– Spurgeon

Çapaya gelmeyin

"Çapa/Çıpalama Etkisi" diye bir kavram duydunuz mu hiç? Bilenler için de tekrar etmiş oluruz. Zaten insan hep en iyi bildiğini sandığı yerlerden, şeylerden, kişilerden dolayı ters köşe olmuyor mu?

Biraz önce size yönelttiğim soruyu iki farklı şekilde 2 grup dinleyicime yöneltmiştim "çıpalama" denilen şey gerçekten olası mı, değil mi anlayabileyim diye. İlk gruba size sorduğum sorunun aynısını yönelttim:

"Finlandiya'da kaç göl var?"

Ufak bir ipucu:

"Cevap 100'den fazla."

Diğer bir söyleşide ise, adına ikinci grup diyelim, soru yine aynı kalmıştı ancak ipucunu değiştirdim.

"Finlandiya'da kaç göl var?"

Ufak bir ipucu:

"Cevap 200.000'den az."

Bu konu hakkında daha önceden bilgisi olanların yaklaşık bir cevap vermesi olasıdır elbet. Ancak ipuçlarını değiştirmemdeki ana gaye aslında 2. grup arkadaşların çoğunlukla doğru cevaba yakın cevaplar vermesini sağlamaktı. Evet, aslında bu soruyu iki gruba da yönelttiğimde olası cevapları tahmin ediyorum. Çünkü öyle istedim.

İlk grubun cevapları, oturup hesaplamadım ama ortalama *300-400* bandında geziniyordu.

İkinci grubun cevapları ise çoğunlukla *100 binin* üzerindeydi.

Bu arada Finlandiya'ya "bin göller ülkesi" de deniyor. Göllerin karalardan daha fazla yer kapladığı bu ülkede yaklaşık *188 bin* göl varmış inanabiliyor musunuz?

Keşke sizlerin de cevaplarını teyit etme fırsatı olsa. Üşenmeyen arkadaşlar bana ulaştırabilir, merak etmiyor değilim gerçekten. Verilen cevapların temelinde çok basit bir şey var ama biz farkına bile varmadan etkisini göstermesi de basit olduğu kadar zararlı. Bir konu üzerinde edindiğimiz ilk bilgiye çapa atıyoruz ve gereğinden fazla odaklanıyoruz. Ardından bize iletilen bilgiler ikinci planda kalıyor ve ilk bilgi bütün seçim sürecimizi etkiliyor. Karar verme aşamasında ilk bilgiyi doğru kabul etmek suretiyle, tüm süreci ilk bilgi üzerinden değerlendiriyoruz.

Olayı satın alma ve alışveriş boyutunda değerlendirelim. Malumunuz bir alışveriş çılgınlığıdır almış başını gidiyor. Kara Cuma'lar, Muhteşem Cumartesi'ler, Şahane Pazar'lar derken farkında olmadan aslında saatlerce, günlerce çalışarak hak ettiğimiz emeğimizin karşılığını çok insafsızca ve vurdumduymaz bir şekilde harcayabiliyoruz. (Annem gibi konuştun dediğinizi duyuyorum.) Asıl sorun ise burada en azından fiyatına değecek kalitede ürünleri alabilmek oluyor.

Karar verirken kullandığımız araç muhakeme değil, mukayesedir. Herhangi bir malın üreticisi olmadığımız için gerçekte ne kadar parayı hak ettiğini tahmin etmemiz Finlandiya'da binlerce göl olduğunu tahmin edebilmemize benzer. Yani oldukça zor. Hal böyle olunca bir markete gidip bir kalıp peynir alacaksak sunulan alternatiflerin hangisinin kalitesine göre ucuz ya da pahalı olduğunu ancak birbirleriyle kıyaslama yoluyla anlayabiliyoruz.

Sadece kıyaslama yoluyla değil, hafızamızın da bizi yönlendirmesiyle kafamızda bir fiyat belirliyoruz çoğu şey için. Şöyle ki deniz kenarında bir restorana gidip de güzel bir yemek yiyeceksek, o yemeğin pahalı ya da ucuz olduğuna yönelik kafamızda oluşan yorumun kaynağı son birkaç restoranda yediğimiz aynı yemek oluyor.

Sonuç olarak rutin tüketim tercihlerimizi yaparken bile rasyonel davranmamız pek olası görünmüyor ve herhangi bir ürünün hangi fiyatla satılması gerektiği üzerinde hiçbir etkimizin olmadığı aşikâr. Bu nedenle bir karar alırken ya da harcama yaparken kendimize tutunacak sağlam bir dal ararız ve bunun ile sonuç noktası arasında bir bağ kurarız.

İlk gruba sorulan

8x7x6x5x4x3x2x1=?

İkinci gruba sorulan

1x2x3x4x5x6x7x8=?

Yukarıdaki iki çarpma işlemi bu şekilde alt alta durunca sonuçların aynı olduğu çok bariz değil mi?

İki farklı gruptan bu sayıları çarpmaları isteniyor bir deneyde. Birinci gruba çarpım sırası büyükten küçüğe, diğer gruba ise küçükten büyüğe olacak şekilde sunuluyor. İlk gruptan alınan cevapların ortalaması 2250, diğer gruptan alınan cevapların ortalaması ise 512. İlk denekler 8 rakamını baz alarak değerlendirme yapmış, yüksek rakama (çapaya) takılmış ve daha yüksek cevaplar verilmiş.

Yönetim bilimi ve ekonomi profesörü Drazen Prelec ve Dan Ariely tarafından MIT'deki MBA sınıfında 55 kişilik bir denek grubu oluşturuluyor.

Sınıfa elinde birkaç eşya ile gelen Prelec iki aşamalı bir deney yapıyor. İlk safhada herkes vatandaşlık numarasının son iki hanesini önlerindeki kâğıda yazıyor. A kişisi için bu sayı 15, B kişisi için 92 diyelim. Sonra eşyaları sınıftakilere birer birer gösteriyor ve deneklerin bu eşyaları biraz önce kâğıda yazdıkları fiyattan satın alıp almayacaklarını sadece düşünmelerini istiyor. Örneğin profesör bir ayakkabı göstermişse, bu ayakkabı için A kişisinin 15 dolar, B kişisinin ise 92 dolar ödemeyi kabul edip etmeyeceklerini düşünecekler.

İkinci safhada profesör gösterdiği her bir nesne için öğrencilerin en fazla ne kadar fiyat teklifi sunabileceklerini soruyor. Teklifleri toplayan Ariely ilginç bir şekilde öğrencilerin, vatandaşlık numaralarının son iki hanesinin etkisinden kurtulamadıkları sonucuyla karşı karşıya kalıyor:

Vatandaşlık numaralarının son iki hanesi 80-99 arasında olanlar en yüksek teklifleri verirken, 01-20 arasında olanlar en düşük teklifleri veriyor. Sıradan sayıların bile karar noktalarımızda ne kadar etkili olduğunu, vatandaşlık numaramızın bile bir şeye değer biçerken nasıl çapa etkisi yaratabildiğini daha net görebiliyoruz. Bu kadar basit yöntemler ile yargılarımız ve karar mekanizmamız değişebiliyorsa, günlük hayatta bunların bize ne kadar sık uygulandığını hayal edebiliyor musunuz?

Çapalamanın günlük hayatımızdaki uygulamalarına gelince, diyebilirim ki çoğu fiyatlandırma sistemi bu zaaftan yararlanılarak oluşturulmuştur.

Mağazalardan marketlere, birçok indirim etiketinde gördüğümüz fiyatlar tam da bu zaafımızdan yararlanılarak konulmaktadır.

Yukarıdaki aynı ürüne ait olduğunu farz ettiğimiz etiketlerden hangisi size daha cazip gelirdi? Cevabı söylemeye gerek yok. Halbuki ürünün ederinin 100 liranın çok daha altında olup olmadığını bile bilmiyoruz.

Ters taraftan baktığımızda da 300 TL olan bu ürün geçici bir süreliğine 100 liradan satılıp ardından tekrar 300 lira fiyat değeri ile satışa sunulsa yine ilginizi çeker miydi peki? İstisnasız herkes başka bir ürünü tercih eder. Aslında ürünün piyasa değeri zaten 300 liraydı. Kısa bir süre önce indirimli satılması onu satın almamızı nasıl oluyor da engelliyor?

Bazen de durum şudur ki beğendiğiniz ve etikette üzeri çizilen o ürün hiçbir zaman 300 lira olmamıştır, 100 liralık ilk satış fiyatı üzerinden sanki 300 liradan indirim yapılmış kisvesiyle mağazada satışa sunulmuştur.

Bizzat yaşadığım bir olaydan örnek vereceğim. Eminim birçoğunuz farklı şekillerde buna benzer bir durumla karşı karşıya kalmışsınızdır. Sınırlı bir bütçe ile orta sınıf ikinci el bir araba almak için evden çıktığınızda 300'ü veren 500'ü de sıkar, verir mantığından kaynaklanan çapa değişiminden dolayı kredi çekip sıfır araba ile eve dönebilirsiniz. Bu durumu kiralık ev ararken de yaşarsınız çoğu kez. Gayriihtiyari sürekli olarak çapa noktamız kayar ve alışveriş sonunda kendimizi ödeyebileceğimizden fazla bir borç yükü altında buluruz.

Dolayısıyla alışveriş yaparken kendinize kesinlikle bir üst limit belirleyin. Bir ürün X liraya satışa sunulduğunda siz "Bu sezon sonunda Y liraya düştüğünde alırım" fikrine sahipseniz çapanın etkisi altındasınızdır. Çünkü aynı ürün Y liradan X liraya çıksa kesinlikle satın almazdınız.

Ürünleri çoklu fiyatlandırarak da bu etkiye maruz kalmamız istenebilir. Örneğin "bir kitap 20 lira" yerine "2 kitap 40 lira" şeklinde yapılan satışlarda beynin 2 rakamına çapalandığı ve bu şekilde yapılan fiyatlandırmaların satışları %40 oranında artırdığı tespit ediliyor.

Diğer bir çapalama örneğini ise satın alma miktarına konulan limitlerde görüyoruz. Bu konuyla alakalı olarak Brian Wansink, Robert Kent ve Stephen Hoch bir çalışma yapıyorlar. Bir markette çorbaların "tane başına 0,79 dolar" üzerinden satılacağı duyuruluyor. Daha sonra en fazla "kişi başına 12 adet" alınabileceği sınırı getiriliyor. 12 rakamına çapalanan müşteriler normalde satın alacaklarından çok daha fazla çorbayı sepetlerine ekliyorlar. İlk fiyatlandırmada ortalama 3,3 kutu çorba alırken; müşteriler 12 adet sınırlaması getirildiğinde yaklaşık 7 kutu çorba alıyorlar.

Konuyla doğrudan alakalı olan diğer bir etkiye değinmeden edemeyeceğim: Yem etkisi.

Önceki kitaplarımda aşırı seçenek yüklemesinden bahsetmiştim hatırlarsanız. Yem etkisi de çoklu seçimlerden ziyade iki seçenek arasında kalındığında pek de çekici olmayan üçüncü bir seçeneğin devreye girmesiyle yaratılıyor.

Bu kapsamında, 100 öğrenciye aşağıdaki dergi aboneliği seçenekleri sunuluyor:

A) Elektronik dergi için abonelik (59 sterlin)

B) Basılı dergi için abonelik (125 sterlin)

C) Basılı + Elektronik dergi için abonelik (125 sterlin)

Okumaya başlamadan önce hangi şıkkın yem olarak sunulduğunu tahmin ettiniz mi? Peki siz hangisini seçerdiniz? 16 öğrenci A, 84 öğrenci ise C aboneliğini tercih ediyor. B şıkkı burada yem etkisi yaratmak için konan bir seçenek tamamen. C şıkkı, B şıkkından daha avantajlı olduğundan çoğunluk ona yöneliyor. Zaten dergi sahipleri de sizin C'yi tercih etmenizi istiyorlar.

Farklı bir gruba yapılan aynı deneyde ise yem etkisi yaratan seçenek olan "B" çıkarılıyor ve sadece A ve C şıkları sunuluyor. Bu durumda ise A'yı seçenlerin sayısı 68, C'yi seçenlerin sayısı ise sadece 32.

Çapalama etkisi finansal ve satın alma kararlarının dışında da günlük hayatımızda birçok alanda bize etki eder.

Çocuğunuzun odasında yüksek sesle müzik dinlediğini düşünün. En sevdiğiniz diziyi izlerken gram zevk alamıyorsunuz. Müziğin sesini kısmasını istediniz. Çocuğunuz sesi ne kadar kısarsa kıssın sizi tatmin edemez çoğu zaman. Çocuğunuz ilk açtığı ses seviyesine çapalandığından, sesi kıssa bile, ses seviyesi çapadan uzaklaşmadığı için ses size hâlâ yüksek gelir.

Bir hastasının belirtilerine ilişkin ilk izlenimleri bir doktorda bundan sonraki tüm değerlendirmelerini olumsuz etkileyen bir çapa noktası oluşturabilir.

Patronunuzla bir maaş zammı için diyaloğa girdiğinizde yine sonuç hüsranla bitebilir.

Çocukluğunuzda çok fazla TV izleyen biriyseniz, çocuklarınızın tüm günlerini televizyon karşısında geçirmeleri sizi rahatsız etmeyebilir.

Örnekleri çoğaltmak mümkün ve gündelik hayatta çapalanmamak neredeyse kaçınılmaz. Ve bu etki bazı faktörlere bağlı genel hatlarıyla.

Karakteristik özellikler: Asosyal insanlar sosyal insanlara göre çapa etkisinin olumsuz neticelerinden daha çok etkilenmektedirler.

Psikoloji: Çapalandığımız ilk andaki ruh hali oldukça önemlidir. Depresyondayken oluşan çapa etkisinin daha kalıcı olduğu tespit edilmiştir.

Tecrübe: Konudan haberdar olan ve hayat tecrübesine sahip bireylerin çapalama etkisine daha az maruz kaldığı ve daha tedbirli davrandıkları görülmüştür.

Çocuğu zorla veya sertlikle
öğrenmesi için eğitmeyin.
Lakin, onları akıllarını
eğlendiren şeylere yönlendirin.
Böylece, her birinin dehasının
kendine özgü kıvrımlarını daha
doğru bir şekilde keşfedebilirsiniz.

– Platon

Bir ara çocuktum, mutluydum, umutluydum. Sonra geçti...

Çocuklar dünyaya gözlerini açtığında beraberinde dürüstlük, vicdan, kin, öfke gibi birtakım yetileri getirir. Hayatlarına dahil olan insanlar bunlardan hangilerini hatırlatırsa çocukta o beceriler gün yüzüne çıkar, gelişir. Diğerleri ise körelir. Çocukların karşılaştıkları ilk örnekler olması sebebiyle anne babaların rolleri çok daha fazla önem arz ediyor bu nedenle. Burada asıl mesele yeni bir şeyler öğretmekten ziyade, asıl olanı açığa çıkarmakta yatıyor.

Çocuklara verilebileceğiniz en güzel hediye zaman ve iyi bir örnek olmaktır.

Çocuklara özsaygı, uyum sağlama, sorgulama ve işbirliği yapma becerilerini öğretmek önceliklerimiz arasında olmalı. Bu tür yaşam becerileri, inanın, yaşamları boyunca sayısal ve alfabetik ezber kavramlardan çok daha kullanışlı olacaktır onlar için. Ayrıca onlara daha fazla zaman ve oyun oynama fırsatı tanımalıyız. Küçük bir çocuk için oynamak ve öğrenmek arasında bir ayrım yoktur; hayatı yaşarken öğrenirler ve yaşamlarının keyifli olan herhangi bir bölümü de onlar için oyun niteliğindedir.

Çoğumuz eğitim sisteminin mükemmel olduğundan söz edemeyiz. Bu nedenle kötü eğitimleri de doğru ve mantıklı bir süzgeçten geçirebilecekleri bir özdenetim becerisi kazandırmalıyız çocuklarımıza. Böylelikle kendi geleceklerini çok güzel şekillendirebilirler. Her ne kadar sistem daha fazla eğitim, daha fazla sınav dese de akıntıya kapılmadan, onlara sadece bir hayat değil, yaşama sanatı kazandırma bilincinde olmalıyız.

Yaşama sanatını anne babalarından, yakın çevrelerinden, öğretmenlerinden yanlış idrak eden çocuklar içine kapanan bireylere dönüşüyor sonra. Bu kapanma güvensizliği tetikliyor, o da mutsuzluğu getiriyor beraberinde. Daha sonra baktı olmuyor, tüm köprüleri yıkıyor, etrafına duvarlar örüyor insan. Ve filmin sonunda kendisini güvende sanan bir sürü mutsuz birey türüyor. Filmin başına döndüğümüzde bu senaryonun başrollerinde ise daha çok ebeveynlerin olduğunu görüyoruz; çocuklarıyla aralarında köprüler kurmak yerine duvarlar inşa eden ebeveynlerin... Peki, sizin hayatınız köprülerden mi yoksa duvarlardan mı ibaret?

Eğitimci-yazar Nesrin Bilkan'ın Ekim 1994 tarihli *Sızıntı* dergisindeki mektubunu sizlerle paylaşmak istiyorum bu konuyla alakalı. Ardından da yazar W. Livingston Larned'in bir yazısını paylaşacağım. Ebeveynler olarak çok güzel bir yol gösterici olacaktır, ben çok dokunaklı buldum. Kime sorarsak soralım, en büyük yaşama gayelerimizden birisi çocuklarımızın güzel günlerini görebilmek. Okul hayatında, iş hayatında, evliliğinde, her anında başarılarına, mutluluklarına şahit olmak. Evet, hep istiyoruz, ama bunları görmeyi ne kadar hak ediyoruz dersiniz?

Hafta sonu olmasına rağmen, erken kalkıp çizgi film izleyen çocuklardık... Ne ara bu kadar gaddar olduk?

Anneme Mektup

Anneciğim, hep sana seni ne kadar sevdiğimi, küçücük yüreğimdeki kocaman yerini anlatmak isterdim. Ama başaramadım. Çünkü hiç anlamaya çalışmadın. Bir gün sana bahçeden çiçek topladım. Bardağa koydum sana getiriyordum ki bardak birdenbire elimden düştü, kırıldı. Çiçekle sana sevgimi anlatacaktım. Kırılan bardak için o kadar çok bağırdın ki bir daha kimseye çiçek vermemeye yemin ettim.

Anne, benim küçük yüreğimde herkesi sevecek kadar yer vardı. Ben herkesi çok seviyordum. Ama sen insanların hep kötü olduklarını, onlara güvenilmemesi gerektiğini söyledin. Ben de artık insanları sevmiyorum...

Anneciğim, bir türlü küçük kafam almıyor, bana başkasına vurmayı sen öğrettin. Ben doğduğumda vurmayı bilmiyordum ki, neden şimdi kardeşime vurmama kızıyorsun? Ben ona vurunca elime vuruyorsun.

Anne, babamı hiç sevmiyor musun? Hep beni onunla korkutuyorsun, onu sevmemi istemiyor musun? Ben bir şeyi bağırmadan istersem vermiyorsun. Bağırarak istersem veriyorsun, o yüzden ben de hep bağırarak, ağlayarak istiyorum. Hem de dediğini yapmak için bağırmanı bekliyorum. Biliyor musun seni bağırtmak hoşuma gidiyor. O zaman benimle ilgilendiğini düşünüyorum.

Anne sana güzel haberim var: Artık yemeklerimi yiyeceğim. Bir an önce büyümek istiyorum. Neden mi? Seninle konuşurken yukarılara bakmaktan bıktım. Artık boynum ağrıyor. Eğer büyümem daha çok sürecekse, neden sen çömelerek benimle konuşmuyorsun? O zaman kendimi daha iyi hissedeceğim. Konuşurken gözlerini görmek istiyorum. Gözlerinin derinliğinde sevildiğimi anlamak istiyorum.

Anneciğim neden o çok sevdiğin arkadaşlarının çocuklarına kendi eşyalarını vermiyorsun? Onlara oyuncaklarımı vermekten hoşlanmıyorum. Oyuncakları bana mı yoksa arkadaşlarının çocuklarına mı aldın? Onlar kırınca kızmıyorsun, ben kırınca "Sende hiç insaf yok mu?" diye, beni cezalandırıyorsun. Artık ona da çözüm buldum, kırınca saklayacak, başkaları kırmış gibi, misafirler gelince sana göstereceğim.

Anne beni neden dinlemiyorsun? Benim çizgi film kahramanlarım, kırılan oyuncağım, kaybolan kalemim neden seni ilgilendirmiyor? Beni de senin şefin, arkadaşının yeni aldığı çanta ilgilendirmiyor... Onları dinlemek istemiyorum. Senin beni dinlemeni, onların benim için ne kadar önemli olduğunu anlamanı istiyorum. Sadece büyüklere ait şeyler mi önemlidir?

Anne, yeni bakıcımı hiç sevmedim. Saçlarımı senin taradığın gibi taramıyor, bana eski bakıcımın baktığı gibi şefkatle bakmıyor. Anne sen bana neden şefkatle bakmıyorsun?

Anne, evdeki eşyaları, sehpayı, kül tablasını, televizyonu kıskanıyorum, onları kırmak, yok etmek istiyorum. Onlar olmazsa beni daha çok seveceğini düşünüyorum. Hem de rahatça, onları kırma korkusu olmadan evin içinde koşup oynayabileceğim. Onları temizlemek için ayırdığın vakti bana ayırmıyorsun. Demek ki onları benden daha çok seviyorsun.

Anneciğim evde oynamaktan bıktım. Dışarılarda koşup oynamak, minik su birikintilerine ayaklarımı sokmak, dökerek pasta yemek, elimle makarna yemek, ayranı üstüme dökmek istiyorum. Anne ben yaşamak istiyorum. "Yapma! Etme!" denilmeyen, sevginin çok olduğu, annelerin çocuklarını anladığı bir yer istiyorum. Çok büyük değil, yüreğim kadar bir yer istiyorum.

O yeri bulmak için buradan gitmek istiyorum. Belki bir kuşun kanadında, belki bir çiçeğin yaprağında, belki de bir balığın akvaryumunda...

Küçükken hiçbir zaman
çocuk olmamıza izin
vermeyen zihniyet,
büyüdüğümüzde de bir
yetişkin gibi yaşamamıza
mâni oluyor.
İçimde kocaman bir yer
yeniden çocuk olmak istiyor...

***

Babamdan Mektup

Dinle oğlum...

Sen uyurken düşündüklerimi yine sen uyurken yazıyorum. Usulca odana girmiştim. Minicik ellerinden biri yanağının üzerine kıvrılmış, terleyen alnına düşen sarı kâküllerin ıslanmıştı. Pembeleşmiş, melekleşmiş yüzüne bakıyordum. Az önce gazete okurken içime doğan pişmanlık rüzgârı ile yatağının kenarına sürüklenmiştim. Suçlu suçlu seni seyrediyordum. Ağlayacak gibiydim oğlum!

Sana kızmıştım. Okula gitmek üzere hazırlanırken yüzünü iyi yıkamadığın için seni azarlamıştım. Öteberilerini yere attığın için sana bağırmıştım. Kahvaltı sofrasında sana bir sürü kabahat bulmuştum. Yemeklerini üstüne döküyordun. Dirseklerini masaya dayıyordun. Lokmalarını iyi çiğnemeden yutuyordun. Ekmeğine fazla yağ sürüyordun!

Sen okula ben işime gitmek üzere evden çıktığımız zaman el sallayıp bana "Güle güle babacığım..." dediğinde ben yine kaşlarımı çatıp "Omuzlarını dik tut!" diye seni azarlıyordum.

Bu sertliğim akşamüzeri de devam etti. Eve doğru yürürken seni dizlerini yere dayamış misket oynarken gördüm. Çorapların da yırtılmıştı. Seni önüme katıp eve getirerek arkadaşlarına mahcup ettim ve sana, "Çoraplar pahalı! Kendin alsaydın daha dikkatli olurdun!" diyerek çıkıştım. Düşün oğlum. Bunları söyleyen, yapan babandır.

Daha sonra çalışma odamda gazetemi okurken sessizce yanıma geldiğini hatırlıyorsun değil mi? Gözlerinde mahzun bir ifade vardı. Sen karşımda tereddüt içinde dururken, rahatsız edilmiş bir insan edası ile "Ne istiyorsun!" diye sana bağırmıştım. Sen hiçbir şey söylemeden atıldın ve kollarını boynuma doladın. Ve beni öptün. Allah'ın kalbine verdiği; ilgisizliğimin, sertliğimin bile söndüremediği sevginin kuvveti ile kollarını boynuma doladın. Sonra döndün ve koşarak merdivenden çıktın.

İşte oğlum birkaç dakika önce gazetemi okurken içimi dolduran pişmanlık ve korkunun sebebi buydu. Çok geçmeden gazete elimden kaydı. Yıkılmayan sevgine karşılık sana mükâfat olarak hep azarlamayı, bağırmayı vermiştim. Seni sevmiyor değilim. Senden yapabileceğinden çok fazla şeyler istediğimi, senden kendi yaşımdaki birinin davranışlarını beklediğimi şimdi anlıyorum.

Halbuki senin karakterinde ne güzel, ne samimi, ne dürüst şeyler var. Senin mini mini kalbin ufuklarda dolaşan şafaklar kadar büyüktü, bunu beni kucaklayıp öpmenle gösterdin. Bu gece senin kadar hiçbir şey beni ilgilendirmiyor oğlum. Karanlıkta odana geldim. Yatağının ucunda utanç içinde diz çöktüm ve gözyaşlarıma mâni olamadım oğlum.

Bunları sana uyandığında söylesem anlayamazsın biliyorum. Ancak yarın gerçek bir baba olacağım. Sana bir arkadaş gibi davranacağım. Seninle şakalaşacağım. Sana sarılıp öpeceğim. Dilimin ucuna kötü sözler geldiğinde dilimi ısıracağım. Ve daima o daha küçük bir çocuk diyeceğim.

Ben sana bir çocuk değil yetişkin muamelesi yaptım. Ancak şimdi seni yatağında mışıl mışıl uyurken görünce henüz bir bebek olduğunu anladım. Annenin kucağından daha dün ayrılmadın mı? Daha düne kadar başını annenin omuzlarına dayayıp dalıp gitmiyor muydun? Senden çok fazla şey istedim oğlum, çok fazla...

Uyandığın zaman seni mutlu etmek, sevginin karşılıksız olmadığını anlatmak ve kendimi affettirebilmek için seni doya doya öpeceğim.

UZLET:

İnsanın insandan kaçışıdır.

İnzivaya çekilmektir.

Toplum yaşayışından kaçıp tek başınalığın tadını çıkarmaktır.

Zamanın kötü, sohbetlerin samimiyetsiz, insanın insana dert olduğu ortamda yalnızlığın adıdır.

Arapça *azl* (uzaklaşmak, ayrılmak) kökünden gelen uzlet, *arınmak* anlamında da kullanılır.

Kaçmak mıdır asıl mesele, uzaklaşmak mı?

Asla. Nereye kaçarsa kaçsın yanında götürür kendini insan.

Asıl uzlet içimizdeki kötülüklerden uzaklaşmak, arınmaktır.

Çok şey istemezdim
herkesin ömrü
vicdanı kadar olsa.

İnsan derdinden koru bizleri Rabbim

Genellikle şu soruyla karşı karşıya kalıyorum: Hocam kişisel gelişim kitapları yazıyorsunuz. Mutluluk deyip duruyorsunuz. Peki, siz mutlu musunuz?

Aslına bakarsanız damlaya damlaya göl olan bir şey varsa, o da içimizde biriktirdiğimiz acılardır vesselam... Benim bahtsızlığımdan mıdır bilemem ama yaşamımın nelerden ibaret olduğunu sorguladığımda görüyorum ki hiç damlaya damlaya aşıp taşan mutluluklarım olmadı benim. Ay sonunu zar zor ettim hep, paradan gölcüklerim de olamadı. Kütüphanemde yılların birikimi kitaplarım duruyor belki ama her satırın arasında yine hüzün yatıyor. Sonra diyorum ki kendi kendime, ya okuduğum kitaplardaki karakterler yanlış ya da tanıdığım insanlar...

İnsan, pek hoşumuza gitmese de, acıdan besleniyor. Her yara, yerini yeni bir yaraya bırakmak için kapanıyor sadece. Çünkü acılar birbirini bastırıyor ve insan en büyük yarasından çekmeye devam ediyor acısını. Bu kısırdöngü içine ara ara mutluluk serpiştirebiliyoruz sadece. İşte o anların kıymetini bilmek gerekiyor. Yoksa biriktirdiğim mutlulukları acılarla kıyaslarsam, kesin olarak söyleyebilirim ki devede kulak kalır mutluluklarım.

Ama mutsuz muyum? Hayır. Elbette mutluyum. Hayatımda her şey yolunda olduğu için değil zaten benim mutluluğum, sadece bazı mutsuzlukları görmezden geliyorum...

Tüm duyuların yaşama karşı uyanık olması çok tehlikeli bir şey. Vurdumduymaz bir yapıda olmayı öylesine arzuluyorum ki. Çok sık görüştüğüm kişilerin sayısı toplasam bir elin parmaklarını geçmez. Onlar da bana genellikle "Neden kendini bu kadar geri planda tutuyorsun, üç beş kişiyle ömür mü geçer?" diyorlar. Ben de diyorum ki:

"Yeni insanlar değil,
iyi insanlar tanımak
istiyorum."

Ne kadar yanlış insan varsa etrafında, bir o kadar yalnızsındır aslında. Böyle olunca da yalnızlığa alışmak, kalabalığa ayak uydurmaktan çok daha kolay olur, özellikle kimseyi çekecek gücün kalmadığında.

Benim bir de güvendiğim kişilerden rutin olarak kazık yemek gibi bir hobim var. Tuvalet kâğıdı satın alırken gösterdiğim hassasiyeti arkadaş seçiminde de göstersem, bu kadar üzemeyecekler beni aslında. Evet, ben de seçiciyim denebilir ama nerede çürük varsa, gidip onu seçiyorum.

Biliyorum, hepimiz pek çok saçmalıklar yaptık hayatta; ama en fenasını "körü körüne sevmek"le, "körü körüne inanmak"la yaptık.

Devir çok değişti. Artık ne ekersen, ona muhtaç oluyorsun çünkü. Belki çok olumsuz gelecek size de ama uzun zamandır, ilişkilerin çoğu sadece vakit kaybı gibi. Para hırsı insanları öylesine sardı ki neredeyse maneviyatlarını, eski dostluklarını, geçmiş anılarını bile nakde çevirmeye kalkışacaklar. Dürüstlüğün adı enayilik olmuş. Mevki, makam çabası almış başını gidiyor ama bunun derdinde olanlara not bırakayım: Yükselebileceğiniz en büyük mesafe yerin sadece bir iki metre altı olacak.

Fark etmiyoruz ama hayatımızda "kendisi" sandığımız herkes belki sadece "gibi"dir. Karşımıza çıkan her insanın bize sunmuş olduğu davranışlar, buzdağının suyun üstünde kalan kısmıdır yalnızca. Bu yüzden diyorum ki Allah iyi insanlarla karşılaştırsın. Bu fikri sosyal medya da giderek güçlendirdi elbet. Okumak için değil, hikâyede fotoğrafı atılmak için alınan kitaplar raflarda çürüyor. Ülkedeki yaklaşık kütüphane sayısı 33 bin, kahvehane sayısı ise 700 bin. Bazen kitap yazacağıma, çay-kahve işine girseydim demiyor değilim.

Dışarı çıkmadan önce ne giyeceğimize, ne yiyeceğimize karar versinler diye takipçilere anket sunuyoruz. Bir iyilik yapacaksak herkes görsün istiyoruz. Nereye gidiyoruz cidden?

İnsanlık biraz korkutuyor beni. Ama korktuğum insan, elbisesi kirli olan değil düşüncesi kirli olandır. Gösteriş çılgınlığı, iyilik yapar gibi görünen ya da gerçekten iyilik yapan ama bunu gözümüze gözümüze sokan insanların sayısı giderek artıyor. İyilik yapar gibi görünmeyin. En makbulü şu: İyilik yapın ve görünmeyin.

Gayet iyi giyimli bir kadın bir gün pazarda yumurta satan yaşlı amcanın tezgâhına yanaşıyor:

"Yumurtaları kaçtan satıyorsun?"

Yaşlı adam cevap veriyor:

"Tanesi 1 liradan hanımefendi."

"20 taneyi 15 liradan alırım, yoksa gideceğim."

Pazarcı cevap veriyor hemen:

"Gel istediğin fiyata al. Daha siftah yapmadım, belki ayağınız uğurlu gelir."

Hanımefendi yumurtaları büyük bir kazanç elde etmişçesine alıp milyonluk arabasına doğru yöneliyor ve ayrılıyor pazardan.

Arkadaşıyla lüks bir restorana gidiyor o günün akşamı.

Sipariş ettikleri birçok şeyi yemeden hesabı istiyorlar sonra.

800 lira hesap geliyor iki kişi için. Hanımefendi lüks mekâna 1000 lira bırakıyor. Üstü kalsın diyerek evlerinin yolunu tutuyorlar mutlu mesut.

Allah daha çok versin, kimsenin gözü yok. Bunu eleştirmek için de yazmıyorum. Ancak şunu sormadan da kendime yapamıyorum. Neden muhtaç olanlardan bir şey satın aldığımız zaman güç bizde oluyor hep? Peki, neden ihtiyacı olmayan insanlara karşı da böyle savurgan oluyoruz?

Aklıma Muhammed Ali'nin söyledikleri takılıyor:

"Bana iyi davranan
ama garsona kaba olan
birine güvenmiyorum.
Çünkü o pozisyonda
olsaydım bana da aynı
şekilde davranırdı."

Bir süre önce arabayı satmaya karar verdiğimde tanıdık bir oto yıkamacı arkadaşa uğradım. "Sana zahmet arabaya bir pastacila yapalım, parlasın. Koltukları, tavanı detaylı bir temizleyelim.

Arabayı yarın almaya gelecekler, temiz olsun" dediğimde arkadaşın gözleri fal taşı gibi açıldı. "Nasıl yani? Arabayı sattın ve yarın gelip alacaklar diye mi bakım yaptırıyorsun?"

"Bizler eve temizlikçi gelecek diye evi 2-3 su silen anneler, babaanneler tarafından yetiştirildik, ne var bunda? Adamcağız temiz temiz binsin bir süre" dedim ama benim kafayı yemiş olduğumu düşündüğünü biliyorum. Çok önceleri, insanlar dışlarından çok, içlerini temiz tutmanın derdindeydiler. Elbiseler yamalıydı belki ama gönüller tertemizdi... Ya şimdi?

Geçenler de Anadolu Hisarı'nda devamlı uğradığım bir mekâna arkadaşlarla kahvaltıya gidecektik. Yaşlı bir teyze kâğıt mendil satıyordu girişe yakın bir yerde. Arkadaşlarla, "Bir mendil alalım da destek olalım", "Abi bazılarının iki üç evi oluyor, bizden daha iyidir belki de durumu" derken mekâna girip masamıza oturduk. O ara dedemin yaptıkları gözümün önüne geldi.

Dedem, kendi ihtiyacı olmasa bile ihtiyaç sahibi insanlardan ürünler satın alırdı. Babaannemin eve gereksiz şeyler getirdiği için dedeme laf ettiğini hatırlıyorum. "Neden böyle gereksiz şeyler alıp getiriyorsun şu eve?" diye serzenişte bulunduğunda dedem şöyle cevap vermişti:

"İnsanların onurunu kırmadan yardım etmek lazım ihtiyacı olanlara. Biz bir verelim, Allah bize on verir zaten."

Kendime kızdım, kalkıp teyzenin yanına gittim hemen. Kâğıt mendile o an ihtiyacım yoktu belki ama teyzenin ihtiyacı vardı ki bu soğukta sokakta saatlerdir bekliyordu. "Teyzeciğim burnum akıyor, bir mendil alabilir miyim?" dedim. Bozamayacağını tahmin ettiğim bir kâğıt para verdim. "Yavrum bu kadar parayı bozamam, mendil benden olsun" dedi. "Olur mu öyle şey? Bozuk olunca verirsin" deyip utana sıkıla arkadaşların yanına kaçtım. Ettiği dualar on kahvaltıya bedeldi.

Yalan yoktur bu dünyada, yanlış da öyle. Sadece herkesin inanmak istediği doğrular vardır. İnsanlar anlamak istemeyince, yüzlerce ölüm de olsa, milyonlarca insan sefalet içinde de yaşasa, aç şekilde başını yastığa da koysa, anlamak istemeyince anlamıyor insan. Aslında tüm gözler aynı şeyi görüyor ancak asıl farkı yaratan kalp gözü oluyor. Bazen akıl gerçekleri anladığını söylemekte dilsiz kalıyor. Ve ben empati yoksunu insanlarla aynı dünyada yaşamaktan nefret ediyorum.

Hayat bir yanılsamadır aslında. Asıl olan sadece iki basamaktır: Başlangıç ve bitiş; yani doğum ve ölüm. Aradaki basamaklar bize ne gösterildiğiyle ilgili değil, bizim ne olmak istediğimizle ilgilidir.

Biliyor musunuz 1 litre yağ yaklaşık 1 milyon litre suyu kullanılamaz, 5 milyon litre suyu içilemez hale getirebiliyor. Bir de safran çiçeği var. Dünyanın en zor açan çiçeklerinden. Kendi ağırlığının 100 bin katı kadar sıvıyı sarıya boyayabiliyor. Kozmetikten gıda ve ilaç endüstrisine kadar birçok yerde kullanılabiliyor. Doğum ile ölüm arasındaki bu sürede ne olmak istersin sevgili okur? Safran olup dünyayı kendi rengine boyamak mı, yağ olup suları içilemez hale getirmek mi? Karar senin.

Ünlü Fransız tiyatro yazarı ve oyuncusu Molière'i bilirsiniz. *Hastalık Hastası* (Fransızca özgün adıyla: *Le Malade imaginaire*) adıyla komedi türünde bir oyunu var. Saf bir adamın, onu gelir kapısı olarak gören doktorunun yalanlarına inanarak kendini ölümcül bir hastalığa yakalanmış gibi görmesini konu alır.

Molière aynı zamanda verem hastasıdır da gerçek hayatta. Oyunun dördüncü temsili sırasında sahnede kan kusmaya başlar, yere yığılır. Herkes bunu oyunun bir parçası zannederek ayakta alkışlar. Her şeye rağmen rolünü tamamlayan Molière aynı gece saat onda veremden ölür.

Meseller kitabında şöyle diyor Kierkegaard:

> *"Sanırım dünyanın sonu, her şeyin bir şaka olduğunu sananların yükselen alkışları arasında gelecek."*

Salgınlar, açlıktan ölen insanlar, istismar edilen çocuklar, aşk kisvesi altında katledilen kadınlar, Allah'ın "Onlar da benim ümmetimdir" dediği ama vahşice davranılan hayvanlar, iflas etmek üzere olan bir doğa... Ve bir tiyatro sahnesiymiş gibi, olup bitenden habersiz, alkışlar içinde bu gidişatı seyreden biz insanlar...

Japonlar, insanın 3 yüzünün olduğunu söylerler:

1. Dünyaya gösterdiği yüzü
2. Yakın arkadaşlarına ve ailesine gösterdiği yüzü
3. Kimseye göstermediği yüzü (Bu yüzü, insanın gerçekte kim olduğunu anlatır.)

Yaşamınızda, halden anlayan, empati kurabilen, üç kuruşluk çıkarı için insanları satmayan, kuldan utanan, Allah'tan korkan, ya olduğu gibi görünen ya da göründüğü gibi olan kişilerle karşılaşmanız dileği ile...

Allah kimleri sever?

Allah:

Şüphesiz iyilik edenleri
Bakara: 195

Şüphesiz çok tövbe edenleri
Bakara: 222

Şüphesiz çok temizlenenleri
Bakara: 222

Kendine karşı gelmekten sakınanları
Âli İmran: 76

Güzel davrananları
Âli İmran: 148

Şüphesiz tevekkül edenleri
Âli İmran: 159

Kötülüğe iyilikle cevap verenleri
Maide: 13

Adil davrananları
Maide: 42

Kendi yolunda çarpışanları
Saff: 4

Sever...

Her yere yetişmeye çalışırken
hiçbir yere zamanında varamadık.
En kötüsü de kendimize geç kaldık.

Çal kemancı!

Nâzım Hikmet'in bir şiirini okuyordum: "Makineleşmek İstiyorum!" Üzerine de bir haber denk geldi sonra, robotlar insanların yerini alacak ileride diyordu özetle. İşte bizleri ele geçireceklermiş falan. Korkulması gereken, robotların insanlaşması değil ki aslında, insanların robotlaşması.

Bu kavram özellikle büyükşehirlerde insanın gözüne daha fazla batıyor. İnsanların robotlaşması daha korkutucu diyorum çünkü çoğumuz kendimizi kurulmuş bir sistemin bantlarına teslim etmişiz, bir nevi esaret altında yaşamaya çalışıyoruz. Neredeyse her gün aynı saatlerde uyuyor, uyanıyoruz, yıllardır aynı güzergâhı kullanarak çalışma yerimize gidiyoruz. Her şey öylesine aynı ki durakta, metroda, metrobüste bile neredeyse hep aynı insanları görüyoruz.

İnsanların gözlerinde fer, yüzlerinde gram gülümseme olmaması biraz da bundan kaynaklanıyor. İşveren tarafından emredilen ve dur durak bilmeyen kotaları, hedefleri gerçekleştirmeye çalışırken aslında herkesin aklında sadece tek bir soru cevaplanmayı bekliyor: "Ben bunun için mi varım?"

Çoğumuz bu mekanik dünyanın esiriyiz. Duygulardan arındırılmışız. En kötüsü de hayatı kaçırıyoruz. Geleceğe dair kurduğumuz planları gerçekleştirme çabasındayken "an"a odaklanmayı unutuyoruz. Sonra dönüp baktığımızda her şeyin geride kaldığını görüyoruz.

Daha güzel günlerin geleceğini düşünerek yüzüne bile bakmadığımız o sıradan günlerin, aslında en güzel günlerimiz olduğunu fark ettiğimizde de geç kalmış oluyoruz. Hayat halbuki "an"da gizli. Hani Ayfer Tunç diyor ya: "Bütün camları açtım. Serin hava bir anlığına içimi tazeledi. Bir anlığına. Umut bu işte. Sadece bir an. Taze havanın yüzümüze çarptığı o kısacık an. Böyle yaşamaya devam ederiz ancak, beklenmedik anlarda yüzümüze taze bir havanın çarpmasıyla."

Bu yazıyı 02.40'ta yazarken atıştırdığım Cici Bebe'nin tadında gizli hayat belki de. Hepimiz hayatta bazı sahneleri kaçıracağız, bazı şeyler yarım kalacak. Hepimiz bir gün ölmüş olacağız; cebimizde yarım kalan şiirlerle, kursağımızda yarım kalan cümlelerle. Ama en azından başlamış olacağız. En azından denemiş olacağız. Yarım, hiçten büyüktür ne de olsa.

Size gerçek bir hikâye anlatacağım. Eminim bana hak vereceksiniz.

Yer Washington DC. Ocak ayının soğuk bir sabahı bir metro istasyonundan klasik müzik sesi yankılanır. Adam yaklaşık 1 saat boyunca 6 Bach eserini kemanla çalmaktadır. Bu süre zarfında binlerce kişi kemancının önünden geçip gider.

Yaklaşık 3-5 dakika kadar sonra, onca kalabalığın içinden ilk kez orta yaşlı bir adam kemancıyı fark eder. Birkaç saniye gözucuyla bakar, sonra da hızlı adımlarla uzaklaşır. Yetişmek zorunda olduğu bir şeyler olduğu açıktır.

İlk bahşiş de bu olaydan 1-2 dakika sonra bırakılır ancak. İyi giyimli bir kadın yürüme hızını kesmeden 1 doları kemancının önündeki kaba atarak, hızla uzaklaşır.

Biraz sonra da, bir başka adam kısa bir süre duraklayıp, saatine göz attıktan sonra muhtemelen işe geç kalmamak için aceleyle yoluna devam eder.

3-4 yaşlarında bir çocuk kemancıya yanaşır. Annesinin çekiştirmesine rağmen, çocuk pür dikkat kemancıyı izlemeye koyulur. Durumdan sıkılan annesi çocuğu hızlıca çekiştirerek gitmeye zorlar. Çocuk arkasına döne döne kemancıya bakarak mecburen oradan uzaklaşır. Birkaç çocuğun daha bu şekilde anne babaları tarafından zorlanarak kemancıyı seyretmelerine müsaade edilmez.

Kemancının eserleri icra ettiği yaklaşık 1 saatlik süre boyunca 20 kadar insan duraklamadan bahşiş bırakır ve toplamda 32 dolar birikir. 6-7 kişi de kemancıyı çok kısa süre izler ve yoluna devam eder. Çalmayı bitirdiğinde ise kimse onun durduğunu fark etmez bile.

Kimdi bu kemancı? Hiç kimse onun dünyanın en iyi kemancılarından Joshua Bell olduğunu fark etmedi. Elindeki 3,5 milyon dolarlık kemanla, icrası oldukça zor olan eserleri çaldığını anlamadı. Halbuki daha iki gün önce Boston'da verdiği konser biletleri kişi başı ortalama 100 dolara satılmıştı.

Joshua Bell, *Washington Post* gazetesi tarafından farkındalık, keyif alma ve öncelikler üzerine yapılan bir sosyal deney sonuçlarını gözlemlemek amacıyla vermişti metrodaki mini konserini.

Neden sıradan bir yerde, uygunsuz bir saatte yanı başımızdaki güzelliği algılayamıyoruz? Durup ondan keyif alamıyoruz? Beklenmedik bir ortamda, bir yeteneği, bir güzelliği fark edemiyoruz? Neden bu acele, bu ruhsuz sürükleniş, bu robotik yaşam?

Dünyanın en iyi müzisyeni, dünyadaki en iyi keman performansını icra ederken, önünde durup dinleyecek birkaç dakikamız bile yoksa başka neleri kaçırıyoruz dersiniz?

FOMO muyum, JOMO muyum?

Hazır konu bir şeyleri kaçırmaya gelmişken hayatımızda giderek yaygınlaşan ve strese neden olan bir olgudan bahsedeceğim.

FOMO (fear of missing out) yaşamımıza giren yeni hastalıklardan birisi diyebilirim, daha doğrusu bir sosyal kaygı türü. Öyle hızlı ki bu dahil olma, Cambridge Dictionary'ye göre 2018 yılının en çok kullanılan kelimelerinden olmuş.

Konuyu neden yazma gereği duydun diyebilirsiniz. Uzun süre görüşmediğim bir arkadaşım vardı. Telefonlaştık, buluşma yeri ve saati ayarladık. Birkaç kelam ederiz diye hayal kuruyordum ancak iki cümlede bir telefonu eline alıp baktığından sağlıklı bir iletişim kuramadık.

Kripto para piyasasına girmiş ve fiyattaki dalgalanmaları takip ediyormuş meğerse. Değeri düşen kripto parası yüzünden zarara uğrayacağı ya da değer kazanan kripto parasından dolayı kâr edemeyeceği düşüncesiyle sürekli piyasayı takip etmek zorundaymış. İtiraf etmeliyim, sinir bozucuydu. Bu durum FOMO için güzel bir örnek olsa da durumu davranışsal finans ile sınırlamak pek doğru olmaz.

Daha genel bir ifadeyle kişinin hayatına katkı sağlayacağını düşündüğü haberleri, olayları ya da deneyimleri takip edememesinden kaynaklanan geri kalmışlık ve önemli şeyleri kaçırmışlık hissine kapılması ve bundan dolayı kişide kaygı ve stres oluşması diyebiliriz. Günümüzde sosyal medya bağımlılığını bu şekilde açıklayabiliyoruz. Birçok insan sosyal mecraları takip edemedikleri anlarda bu hisse kapılabiliyor. Başkalarının çok daha iyi durumda olduklarından, daha iyi vakit geçirdiklerinden ya da daha kaliteli bir yaşam sürdüklerinden endişe duyabiliyorlar.

Sürekli sosyal medyaya girme isteği, paylaşım yapma isteği, birilerini takip etme isteği ve günde 1 saatten fazla sosyal medyada vakit geçirme durumunuz varsa, gün içinde aile bireylerinizle, arkadaşlarınızla, çocuklarınızla iletişim kurarken 5 dakikada bir Instagram'a bakıyorsanız, Twitter hesabınızı yenilemeden yapamıyorsanız siz de FOMO ile karşı karşıya olabilirsiniz.

Herhangi bir gelişmeyi takip etmemenin bir eksiklik yaratacağına inanan birey sosyal medyada arkadaşlarının durumlarından haberdar olma isteğine karşı koyamaz ve durumları sürekli takip etme isteğinde olur. Çünkü kendisinin bulunmadığı ortamlarda kendinden daha çok eğlenen insanların olduğunu düşünür ve görmek ister.

Teknolojiyle birlikte aslında hepimiz sahte bir sosyalliğin içine dalmış durumdayız. Çoğumuz yaşantımızda bulamadığımız arkadaşları, sosyal statüyü bu mecralarda edinmeye çalışıyoruz. Sosyal medya övünmek için bir şans yaratıyor ve çoğu zaman rekabet halinde buluyoruz kendimizi. İnsanlar en iyilerini karşılaştırıyorlar; en mutlu anlarını, en güzel kıyafetlerini, en lezzetli yemekleri. Bu da eksiklerimiz olduğunu düşünmemize ve zaman zaman derin bir kıskançlık duygusuna kapılmamıza ve benlik saygımızı yitirmemize neden oluyor.

Ve tabii FOMO'yu sadece sosyal ağlarda değil TV, bilgisayar ve cep telefonu vasıtasıyla da yaşıyoruz.

Amerikan Psikiyatri Birliği, 11-55 yaş grubu katılımcılar üzerinde bir araştırma gerçekleştiriyor. Kullanıcıların %40'ı bir şeylerin eksikliğini hissettiğini ve bir şeyleri kaçırdığını düşünerek sürekli sosyal medyayı takip etme ihtiyacı hissettiği sonucu çıkıyor.

Bunun yanında odaklanma sorunundan anksiyeteye, uyku ve yeme bozukluklarından özgüven kaybına, sosyal geri çekilmeden ilişkilerde sorun yaşamaya kadar FOMO'dan kaynaklı kaygı ve stres sonuçlu birçok olumsuz etkiden de söz etmek mümkün.

FOMO'nun yanında görülen diğer bir olgu da "nomofobi"dir. Diğer bir deyişle cep telefonu olmadan yaşayamayacağı hissine kapılmak, telefonu ile bağlantıyı kaybetmekten korkmak, telefonun şarjı bitince strese girmek, internet erişimi kesilince tedirgin olmak veya telefonsuz kaldığında sudan çıkmış balığa dönmek... Nomofobi her ne kadar bilimsel bir kelime olmasa da klinik derecedeki aşırı korkudan ziyade telefonsuzluğun bireyde yarattığı kaygıyı temsil etmektedir.

Bu bağımlılıktan dolayı gösterilen davranışlar ile madde bağımlılığında görülen sosyal, kültürel ve kişisel etkinliklerin ikinci plana atılması, fiziksel, psikolojik ve sosyal sorunlarla karşılaşılması, tolerans geliştirme (doz artırma), düşündüğünden daha fazla maruz kalma gibi davranışlar yüksek oranda birbirleriyle uyuşuyor. Ayrıca birey, bilinç kontrolünü de yitirebileceği için muhakemeye ve iradeye dayalı yetkinliklerini kaybediyor. Doğru karar verme süreci sekteye uğrayabiliyor.

Peki, siz akıllı telefonunuza bağımlı mısınız? Bazı göstergeleri özetleyelim:

- Telefonunuzu sebepsiz yere sürekli kontrol etmek.
- Telefonunuzla vakit geçirmek için insanlarla iletişimden kaçınmak.
- Gecenin ortasında uyanıp telefonunuzu kontrol etmek.
- Telefonunuzu bir nedenle kullanamadığınızda endişeli veya huzursuz hissetmek.

- Telefon kullanımınıza bağlı olarak akademik veya iş performansında düşüş yaşamak.
- Bildirimler, e-postalar tarafından kolayca dikkati dağılmak.

Dünyanın farklı yerlerinde bireylerin kişilik özellikleri ve ruh sağlıkları ile akıllı telefon bağımlılığının ilişkisini belirleyen birçok araştırma gerçekleştirilmiştir. Örneğin:

- Thomee ve arkadaşları 2011 yılında mobil telefon kullanımından kaynaklı stres, uyku bozukluğu ve depresyon durumunu değerlendirdiğinde, cep telefonu kullanımının genç erişkinlerin ruh sağlıkları için bir risk faktörü olduğu tespit etmiştir.
- Samaha ve Hawi'nin 2016 yılında yaptığı araştırmada da telefon bağımlılığı ile stres arasında pozitif bir ilişki tespit edilmiştir.
- Salehan ve Negahban'ın 2013 yılında akıllı telefonlarda bulunan sosyal ağ uygulamalarının kullanımına ilişkin yaptıkları incelemede, mobil ağ uygulamaları hem erkeklerde hem de kadınlarda telefon bağımlılığı için önemli derecede risk faktörü olarak tespit edilmiştir.
- Bolle tarafından 2014 yılında yapılan araştırmada kişisel faktörlerin Alman toplumundaki cep telefonu bağımlılığıyla ilişkisi incelenmiştir. Sosyal stres, duygusal zekâ ve özdenetim olmak üzere üç kişilik özelliği belirlenmiştir. Bunlardan sosyal stresin akıllı telefon bağımlılığı için önemli bir belirleyici olduğu sonucuna varılmıştır. Diğer iki özelliğin cep telefonu bağımlılığını etkilemediği bulgusuna ulaşılmıştır. Ayrıca telefon kullanım alışkanlığı ile telefon bağımlılığı arasında bir ayrım olduğu tespit edilmiştir. Araştırmaya göre bağımlılık kişinin kendi

kontrolünü kaybetmesi, alışkanlık ise kişinin kendi kontrolündeki rutin davranışlardır.

- Roberts ve arkadaşlarının 2015 yılında 346 üniversite öğrencisinin katılımıyla yaptığı araştırmada duygusal dengesizlik durumuyla cep telefonu bağımlılığı arasında pozitif yönlü bir ilişki olduğu ve kararsız olan kişilerin de kararlı olanlara oranla cep telefonu bağımlısı olması risklerinin daha yüksek olduğu tespit edilmiştir.
- Bian ve Leung'un 2015 yılında Çin'de 414 üniversite öğrencisinin katılımıyla yaptığı araştırmada ise yalnız ve utangaç kişiliğe sahip bireylerin cep telefonu bağımlısı olma olasılığının yüksek olduğunu belirtmişlerdir.
- Pundir'in 2016 yılında Güney Hindistan'da 18-25 yaş arası 1108 üniversite öğrencisinin katılımıyla yaptığı araştırmada cep telefonu bağımlılığı ile psikolojik sıkıntı ve benlik saygısı arasında bir ilişkinin olduğunu tespit etmiştir.
- Bianchi ve Phillips'in 2005 yılında yaptığı araştırmada cep telefonu bağımlılığı ile düşük özgüvenin ve nevrotikliğin ilgili olduğuna vurgu yapılmıştır.
- Pearson ve Hussain'in 2016 yılında yaptığı araştırmada da akıllı telefonların narsis olmayan kullanıcılarda bile narsisizmi teşvik ettiği ileri sürülmüştür.

Anlayacağımız gibi özellikle akıllı telefonlar birçok toplum için merkezi konumda ve hayatımızı doğrudan etkilemekte. Cep telefonu kullanan bireylerin yaş ortalaması 11-12'ye kadar düşmüş durumda. Kullanıcıların yüzde 70'inden fazlası ise günde 5 saatten fazla telefon kullanıyor.

Özellikle selfie çubuğunun ve emojinin doğum yeri olan Asya kültürlerine baktığımızda yemeğin başında zorunlu "food porn" denilen "yemek pornosu" fotoğraflarının çekildiğini; Japonya'da "keitai kültürü" dedikleri telefon kültürünün toplumda yerleştiğini görüyoruz.

Tabii bu arada telefonunda Facebook hesabını kontrol ederken iskeleden düşen Tayvanlı turistten, Çin'in Sichuan Eyaleti'nde telefonuna bakarken kanalizasyona düşen kadına kadar birbirinden ilginç haberlere rastlamak da daha mümkün bir hale geliyor. Durum artık korkulacak boyutlara geçince birçok ülke cep telefonu kullanırken yürünmesi için, bisiklet yoluna benzer telefon yolları yapıyorlar. Yine bazı ülkeler çocukların gece yarısından sonra çevrimiçi oyunlara erişimini yasaklayan akıllı telefon kullanımıyla ilgili yasaklar getiriyorlar.

FOMO'dan Kurtulmanın Yolları

FOMO, nomofobi ve sosyal medya kullanımıyla güçlü bir şekilde ilişkili olsa da, herkesin hayatının farklı zamanlarında belirli bir FOMO seviyesini deneyimlediğini hatırlatmakta fayda var. Bu kaygı hissine yakalandığınızı düşünüyorsanız bazı yöntemleri uygulayarak elbette bu durumdan kurtulabilirsiniz:

Kademeli olarak vazgeçin

TV, telefon, bilgisayar oyunu vb. teknolojik cihazların kullanımına sınır koymanız, internette kalma sürenizi azaltmanız faydalı olacaktır. Bunu kademeli olarak yapmanızı öneriyorum. Çünkü birden bırakmaya çalışmak sonrasında sizi kaçtığınız şeye daha çok sarılmaya itebilir.

Bir aktivite edinin

Çok karmaşık faaliyetler olmasına gerek yok. Arkadaşlarla bir araya gelmek, aile bireyleriyle dertleşmek ya da çeşitli sportif faaliyetler, kitap okuma, doğada yürüyüş yapma gibi yöntemler oldukça işe yarayacaktır.

Her şeye sahip olamayacağınızın farkında olun

İhtiyaçlarımız her ne kadar sınırlı olsa da arzularımız sonsuz. Odağınızı değiştirin. Sahip olmadıklarınız için hayıflanmak yerine, neye sahip olduğunuzu fark etmeye çalışın. Herkesle iyi geçinemez ya da dost olamazsınız. Yaşamınıza daha pozitif insanlar katın. Durmadan övünen veya sizi desteklemeyen insanlardan sakının.

Minnet ve şükür duygunuzu geliştirin, takdir etmeyi deneyin

Eksik olduğunu düşündüğünüz şeyi arzulamak yerine, sahip olduklarınız için şükredin. İnsanları takdir ettiğiniz zaman çevrenizdeki herkesin olduğu kadar sizin de moralinizin yükseleceğini bilmelisiniz. Başkalarını iyi hissettirmek bizi iyi hissettirir.

Anı yaşayın

Sosyal medyada gezinirken kişiler kendilerini sanal bir "andayım" algısının içinde bulurlar. Gerçek anlamda anda olmak için farkındalık egzersizleri yapın.

Biraz yavaşlayın

Her seferinde bir iş yapın. Her şeye yetişemezsiniz. Kahvenizi içerken sadece kahvenizi için, arkadaşlarınızla otururken sadece onlara odaklanın. Aynı anda birden fazla iş yapmak iyi bir beceri olsa da tek bir işle ilgilenmek işin kalitesini ve sonunda alınan tatmini artırır.

Nicelik değil nitelik arayın

Fazla olan her zaman daha iyi olmayabilir. Hayat kalitenizi artıran şeylerin çeşitliliğine odaklanın, sahip olduklarınızın miktarına değil.

Deneyime odaklanın, kişilere ya da nesnelere değil

Her zaman imrendiğimiz ve belki de kıskandığımız insanlar olacak. Yaşamı zenginleştiren şey evlilik, lüks bir spor araba, dubleks bir ev gibi nesneler değil yaşadığımız deneyimlerdir. Deneyime odaklanmak ruhumuzu besleyip daha derin bir tatmin duygusuna neden olabilir.

Bir günlük tutun

Yaptığınız eğlenceli şeylerin kaydını internet üzerinden paylaşımlar ile tutmak yerine fotoğraflarınızın ve anılarınızın bir kısmını tuttuğunuz bir günlük ya da aldığınız bir fotoğraf albümü ile saklayabilirsiniz. Bu, odak noktanızı takipçilerinizin onayından hayatınızı güzelleştiren şeylerin özel alanına kaydırmanıza yardımcı olur.

Gerçek dostluklar arayın

İnsanlarla sosyal medya üzerinden samimi olmaya çalışmak yerine, neden size daha fazla değer verecek biriyle yüz yüze görüşmüyorsunuz ki? Bu hesabınızdaki tüm takipçilerinize gönderi atıp "beğeniler" almayı ummaktan daha samimi bir ortam yaratır her zaman.

JOMO'yu (the joy of missing out) deneyin

JOMO, FOMO'nun aksine yanılsamaları kaçırmaktan duyulan neşe ve hazdır. Yalnız dikkat edin, kaçırdığınız kendi hayatınız olmasın.

Uzman desteği alın

Tüm çabalarınıza rağmen başarılı olamadığınızı düşünüyorsanız sanal ortamdan uzaklaşıp bir uzmanla yüz yüze konuşmak iyi bir çözüm yolu olabilir.

Aşk testi

Erkek arkadaşınızın/kız arkadaşınızın evine yürüdüğünüzü hayal edin...

1. Oraya ulaşmak için iki yol var. Biri sizi hızlı bir şekilde oraya götüren, ancak çok sade ve sıkıcı olan düz bir yoldur. Diğeri kıvrımlı ve yolda harika manzaralarla dolu, ancak eve ulaşması oldukça uzun sürecek bir yol. *Hangi yolu seçersiniz? Kısa olanı mı uzun olanı mı?*
2. Yolda biri beyaz güllerle dolu, diğeri kırmızı güllerle dolu bir bahçe gördünüz. Erkek arkadaşınız/kız arkadaşınız için 20 gül toplamaya karar verdiniz. *Buketin kaç tanesi kırmızı, kaç tanesi beyaz olur?*
3. Sonunda arkadaşınızın evine vardınız. Zili çalıyorsunuz ve hizmetçi cevap veriyor. *Hizmetçiden sevdiğinizi kapıya çağırmasını mı rica edersiniz yoksa içeri girip doğrudan arkadaşınızın yanına mı gitmek istersiniz?*
4. Farz edelim ki arkadaşınızın odasına girdiniz ama içeride kimse yok. *Gülleri pencere denizliğine mi bırakırsınız veya yatağın üzerine mi?*
5. Geceyi arkadaşınızın evinde geçirdiniz. Siz ve sevgiliniz ayrı odalarda uyudunuz. Sabah uyandığınızda sevgilinizin odasına onu kontrol etmeye gittiniz. *Sevgiliniz uyanık mı yoksa uyuyor mu?*
6. Artık eve geri dönme vakti geldi. Aynı iki seçenek var: Sizi hızlı bir şekilde eve götüren sade, sıkıcı yol veya harika manzaralarla dolu, ancak eve ulaşması oldukça uzun sürecek bir yol? *Hangi yolu seçersiniz? Kısa olan mı uzun olan mı?*

Cevaplar kitabın sonunda.

8 milyar insan, 16 milyar yüz.

Ördek ördek söyle bana, kim daha mutlu bu hayatta?

Birkaç saat önce arkadaş grubuyla bir kafede buluşup güzelce vakit geçiriyorduk. Kahve fincanları ters kapatıldı, dedikodu dedikoduyu açtı. Tabii ben yapmadım hiç. Konu ne oldu, nasıl oldu da oralara geldi bilmiyorum bir anda evli bir çift olan arkadaşlarımız arasında gerginlik başladı. Uzatmayayım. Meğerse bayan arkadaşım yakın zamanda Instagram'da bir paylaşım yapmış. Eşi de paylaşımını layklamamış. Masada oldukça gergin anlar yaşandı. Hakaret derecesinde sözlerden, iki üç yıl önce yaşanmış hataların yüze vurulmasına kadar birçok duruma şahit olduk. Buraya kadar benim için çok şaşırtıcı bir durum yoktu.

Akşama doğru eve geçtik. O arada bu kitabımı yazmaya devam ediyordum. Biraz ara verip sosyal medya hesaplarına bakayım dedim. Bizim evli arkadaş, bir fotoğraf paylaşmış kocasıyla. Sanırım tartışma yaşanmadan önce kafede çekmişler. İki ekstra mutlu yüz, sarmaş dolaş bir haldeler ve yorum olarak da "Senin gibi bir eşi olmalı insanın, bakarken yüreğinin kabardığı, gözlerinden gözlerine yüreğinin aktığı..." gibi bir cümle var. Sevindim ve A'yı aradım. "Abi geçmiş olsun ya, Allah'tan barışmışsınız..." demeye kalmadı, "Ne barışması, ben arkadaştayım! Benden özür dileyene kadar yüzümü zor görür..." diyerek başladı dertleşmeye.

Evet, her ilişkide olan bir şey bu aslında. Hepimizin çalkantılı zamanları, küsmeleri, tartışmaları oldu. İlişkinin tuzu biberi diyebileceğimiz cinsten, kalıcı hasarlar vermeyen, haddi aşılmayan tartışmalar olsun yeter ki. Benim ilgimi çeken şey arka planda böyle gergin bir dönem geçirirken, sosyal medyada bu çifti takip eden dostların ilişki hakkında ne düşündükleriydi aslında.

Sevdiğiniz kişiyle beraber çekilmiş fotoğrafları sosyal paylaşım mecralarında paylaşmak gayet normaldir. Hatta profil fotoğrafında eşiyle birlikte pozu olan çiftlerin daha sağlıklı bir ilişki yaşadıklarına dair araştırmalar da mevcut. Fakat bu fotoğraf olayının da bir sınırı var. Nereye baksanız birbirinden mutlu çiftler çıkıyor karşınıza değil mi? Peki, sosyal medyada sürekli paylaşım yapan çiftlerin göründükleri kadar mutlu olduklarına emin miyiz?

Özel hayat + Gizlilik =
Mutluluk

108 çift üzerinde yapılan bir araştırmaya göre mutlu çiftler, sosyal medyada ilişkileri hakkında çok az paylaşım yapıyorlar. Katılımcıların ilişkileriyle ilgili sorun yaşadıkları günlerde, ilişkilerine dair daha fazla paylaşım yaptığı da başka bir sonuç olarak karşımıza çıkıyor. İlişkilerini daha görünür kılmaya çalışan kişilerin aslında eşlerinin duyguları hakkında daha güvensiz hissettikleri de başka bir sonuç.

Araştırmayı herkese genellemek doğru olmasa da sosyal medyada sık paylaşım yapan çiftlerin çoğunun aslında büyük problemlerle boğuşuyor olabileceğini göz ardı etmemek gerek. Yine benzer araştırmalar, bu bireylerde aynı zamanda özgüven düşüklüğüne de işaret ediyor.

İlişkisini neredeyse sosyal medyada yaşayan insanlar için mutlu olduğunu diğerlerine inandırmak önemli bir motivasyon kaynağı. Takındıkları sahte mutluluk pozları, diğer insanların ilgisini çekiyorsa, kişi de bu mutluluk durumu gerçekmiş gibi algılamaya başlayabiliyor. Bu tarz davranışların altında yatan iki ana sebepten bahsedebiliriz:

- İlişkimde her şey yolunda mesajı vermek
- Kendine olan saygıyı artırma isteği

Gerçekten mutlu çiftler, beraber keyifli vakit geçirdikleri zamanlarda dikkatlerini sosyal medya ile dağıtmıyor ve daha az paylaşım yapıyorlar diğer çiftlere oranla. Çünkü:

- *İlişkilerinin gidişatı hakkında kendilerini inandırmak için önce başkalarının onayına ihtiyaç duymazlar.*

Seksolog Nikki Goldstein bu konuyu şu sözlerle destekliyor: "Genellikle ilişkileri konusunda onay almak isteyen insanlar sosyal medyada çok fazla bu konu hakkında paylaşım yaparlar. Beğeniler ve yorumlar bu insanlar için o kadar onaylayıcı olabilir ki eylemde bulunan kişiden ziyade başkalarının söylediğine göre hareket ederler."

- *İlişkilerini sosyal medyada yaşayan bireyler, narsis olmaya daha meyillilerdir.*
- *Yapılan araştırmalar, narsisizmin, çekilen selfie sayısı ve kişinin kendi fotoğraflarını düzenlemesiyle ilgili olduğunu ortaya çıkarmıştır.*
- *Sosyal medyada çok sık paylaşım yapanlar genellikle sahte mutluluklarıyla böbürlenirler.*

Bu durum ilişkiye bağlı olan özsaygının sağlıksız bir biçimi aslında. Özsaygı eksikliği olan ilişkilerde çiftler, ilişkilerinin ve eşlerinin iyi olduğunu, dolayısıyla kendilerinin de mükemmel olduğunu başkalarına ve en çok da kendilerine ispatlama ihtiyacı duyarlar.

Bu insanların sosyal medyayı kullanım amacı genelde ilişkileriyle böbürlenerek kendilerini kandırmak, başkalarını kıskandırmak veya eşlerini gözetlemektir.

- *İlişkilerini gözler önüne sermek isteyen çiftler, bu konuda kendilerini güvende hissetmeyenlerdir.*

Instagram'da takip ettiğiniz bir çift hayal edelim. Ahmet ile Ayşe. Ahmet'in en sevdiği arkadaşının nikâhı var akşam, sonra da lüks bir mekânda nikâh yemeği. İkisi de işten yorgun geliyor. Ayşe laf ede ede hazırlanıyor. "Şu kızı da hiç sevmiyorum zaten. Nereden çıktı bu nikâh Ahmet! Annemlere gidelim desem yerinden kıpırdamazsın. Maşallah tamtakır hazırlanmışsın bile."

Ahmet gergin. İşleri zaten çok da iyi gitmiyor. Ona kalsa pijamalarını giyip takip ettiği dizinin yeni bölümünü izleyecek. "Allah aşkına Ayşe, çık şu banyodan artık, geç kalıyoruz. Ne bitmez makyajmış bu! Ha, bu arada sen benim annemi ne zaman aradın ki laf ediyorsun, bırak gitmeyi."

Tam çıkarken birbirlerine giriyorlar. Arabaya atlıyorlar, ortam suspus. İş çıkış zamanı zaten, trafik çok fena. Ahmet iyice geriliyor geç kalacakları için. O arada Ayşe'ye laf atıyor: "Bir saatte hazırlanamazsan böyle olur!"

Geç kalıyorlar nikâha. Adam arkadaşını arıyor, nikâhtan sonra yemeğin nerede yeneceğini bilmediği için. Ayşe susar mı? Fırsatını bulmuşken karşılık veriyor hemen. "Ya sen nasıl oluyor da nerede yemek yeneceğini bilmiyorsun? Davetiye vermeye bile tenezzül etmemiş arkadaşının nikâhı için günümün içine ettin. Tüm makyajım da bozuldu zaten!"

Adam iyice geriliyor. Zar zor yemek yenecek yere gitmeye çalışırken sağ ön lastik patlıyor. Ahmet çıldıracak, çünkü yedek lastik yok. Çekici buluyorlar o saatte. Arabayı tanıdık bir lastikçiye çektiriyorlar ve hemen taksiye atlıyorlar. Tabii yemeğe gidene kadar arka koltukta gerginlik artıyor. "Stepnesiz yola mı çıkılır? Bir senedir alamadın şu lastiği be adam! Sana tek kelime etmiyorum. Şu kâbus akşam bitse yeter!"

Yemeğe yetişiyorlar geç vakit. Mekân dört dörtlük ama. Masalarda yemekler bitirilmiş, halaylar çekilmiş, danslar edilmiş. Bir iki şarkılık zaman sonra dağılacak herkes. Bizim çiftimiz yüzlerine mutluluk maskelerini takıp hiçbir şey olmamış gibi ortama giriyorlar. İlk şarkıda kendilerini piste atıp oynamaya başlıyorlar. Ardından bir hikâye atıyorlar Instagram'da:

"Pelinişko ile Tuna'nın düğününde kopuyoruz! Hep mutlu olun çocuklar."

Yer bildirimi yapılmış. İstanbul'da ortalama maaşlı birinin içine giremeyeceği derecede lüks bir mekân. Arkada Boğaz manzarası var elbet.

Çok uzatmayayım. Nikâhtan sonra Ahmet ile Ayşe aynı gerginlikle eve geliyorlar ve Ahmet salonda kendine üçlü koltukta yer yapıyor ve uyuyor.

Siz bu arada şu kadar olayın neresine şahit oluyorsunuz? Boğaz'da, elinde viski bardaklarıyla dans eden insanların olduğu bölüme sadece. Siz de bu arada "Ulan be, adamlar yaşıyor bu hayatı. Biz de PTT (pijama, terlik, televizyon) modunda 'O Ses Türkiye' izliyoruz. Adalet mi bu!" deyip hayıflanıyorsunuz.

Kimse başarısızlıklarını ve kötü anlarını başkalarına göstermek istemez. Ben de, siz de dahilsiniz buna. Her yaşanmışlığın bir hikâyesi vardır. Sosyal paylaşım alanları bizlere bu yaşanmışlığımızı istediğimiz gibi resmetme ve sergileme imkânı tanıyor. Tüm sosyal ağlarda bireylerin sergiledikleri benlik sunumları en ideal olanıdır. İdealize benlikle gerçek benlik arasında farkı dışarıdan bakan kişi görememektedir.

İşte, kişinin gerçek olan ve sosyal medyada gösterdiği yaşamı arasındaki farkı betimleyebilmek için "Yüzen Ördek Sendromu" adını kullanıyoruz.

Suda yüzen ördekleri bilirsiniz. Dışarıdan bakınca çok sakin bir şekilde suda yol aldıklarını sanırız. Suyun altından baktığımız zaman ördeklerin bacakları öyle hızla çalışmaktadır ki yukarıdaki görüntüye göre çok fazla çaba vardır suyun altında. Sakinlik buzdağının görünen yüzüdür. Özetle, kişilerin hayatlarına dışarıdan bakıldığı zaman hiç çaba göstermeden başarılı ve mutlu olduklarının görülmesine, bu kişilerin istedikleri duyguları, başarıları mücadele etmeden veya çaba göstermeden elde etmiş gibi göstermelerine "Ördek Sendromu" deniliyor.

"En" nitelendirmesiyle bahsettiğimiz insanların da aslında bizden pek bir farkı yok inanın. Bu nedenle kendinizi suçlamayı bırakıp şu soruya içtenlikle cevap vermelisiniz:

"İnsanlar gerçekten göründüğü kadar mutlu, zengin, başarılı, rahat ya da mükemmel mi?"

Cevap: Hayır.

Bizleri mükemmel olmaya zorlayan bir dünya var artık. Kusurların hor görüldüğü, mükemmel olmayanın dışlandığı bir akıntıya kapıldık gidiyoruz. Bu hayata uyum sağlamak için de maskelerimizle yatıp, maskelerimizle kalkıyor, bazı durumlarda şekilden şekile girmeye mecbur kalıyoruz.

En nihayetinde herkesin hikâyesi aynıdır. Hikâyenin sonu da aynıdır. Sadece hikâyenin başlığı farklıdır. Hiç kimsenin hayatı bir ördeğin suyun üzerindeki yol alışı gibi asil ve kolay da değil. İçiniz rahat olsun.

Bakış açımızı değiştirebilecek bazı Buda öğretilerini sizler için yorumladım.

Buda öğretileri

Kendine dön.

"Sonsuz huzura giden yol göklere değil, yüreğe uzanır."

Akışına bırak, nasibin seni bulacaktır.

"Sürekli çevresinde dönüp durduğun şeyi en çabuk kaybedersin."

Mutluluk tohumunu ek ve etrafındakilere de serp.

"Binlerce mum, tek bir mumun ışığıyla yanabilir ve o mumun ömründen hiçbir şey götürmez. Mutluluk da mum ışığı gibi paylaşıldıkça çoğalır."

Ne söylediğin değil neyi uygulamaya geçirebildiğin seni sen yapar.

"Birini sırf çok konuştuğu için bilge olarak tanımlayamazsınız. Kişinin bilgeliği ancak içindeki huzur, sevgi ve cesaretle ölçülebilir."

Zaman bir film değil, geri sarılmıyor. Anı yaşa!

"Geçmişe takılıp kalma, geleceğin hayalini kurma. Zihnini yalnızca içinden bulunduğun ana odakla ve yaşa."

Sevgi bütün türlerin aradığı merhemdir.

"Nefretin açtığı yaralar nefretle tedavi edilemez. Ruhta açılan yaraları tedavi edebilecek tek güç sevgidir ve bu, yaşadığımız evrenin en temek kuralıdır."

Sana sadece sen lazımsın.

"Bizi kendimizden başka kimse kurtaramaz. Hepimiz kendi yolumuzu kendimiz yürümek zorundayız."

En kusursuz insan karşılık beklemeden yardım eli uzatabilendir.

"Zengin ya da fakir, herkesin başa çıkmaya çalıştığı problemler var. Bazılarınınki çok, bazılarınınki az."

Üç kez düşün, bir kez konuş.

"Kelimeler bir insanı hem yaralayacak hem de iyileştirebilecek güce sahiptir. Hatta doğru ve ince olabilenleri, dünyayı bile değiştirebilir."

Yalanlar hep önden gider ama daima gerçekler kazanır.

"Hayatta asla gizlenemeyecek 3 şey vardır: Güneş, ay ve gerçekler."

Şüphe, en büyük ıstıraptır.

"Şüphe kadar zihni kemiren başka bir alışkanlık yoktur. Şüphe, insanları ayrıştırır. Arkadaşlıkların ve en büyük aşkların ölümüne sebep olan zehir, şüphedir."

Kendinle barışık olmak huzurun başlangıcıdır.

"Huzur içinizdedir, dışarıda aramayın."

Manevi dünyanız zengin olsun.
Maddi zenginlik kendiliğinden gelir.

"Tıpkı bir mumun ateş olmadan ışık veremeyeceği gibi, bir insanın da maneviyat taşımadan aydınlanabilmesi mümkün değildir."

Herkes gider, geriye bir tek sen kalırsın.
Önce kendin.

"Hayatımız boyunca kendimizden daha çok seveceğimiz birilerini arar dururuz. Bu kişiyi çok uzaklarda ararız ancak bize kendimiz kadar yakındır. Hayatta en çok sevmeniz gereken ve sevginizi en çok hak eden kişi kendinizsiniz."

İki şey insanı kör eder: öfke ve kıskançlık.

"Çevrenizdekilerin sahip olduğu iyi şeyleri kıskanmak yerine takdir edin ve daha iyilerine sahip olabilmek için çalışın."

Kendini bilmek her şeyi bilmektir.

"Binlerce savaşı kazanmak için savaşmak yerine kendinizi fethetmeyi deneyin. Zafer, sizsiniz."

Yola çık, yürü; korkusuz ve yarınsız. Gelecek orada.

"Var olmanın en büyük sırrı korkusuz olmaktır. Geleceğin size getireceklerinden korkmayın. Korkularınız yüzünden başkalarına bağımlı yaşamayın. Cesur olmak özgürlük kilidinin anahtarıdır."

Bizi diğer varlıklardan ayıran şey sorgulama yetimizdir.

"Herhangi bir şey yalnızca öyle duyduğunuz için öyle olmak zorunda değil. Duyduğunuz şeylere ne kadar çok kişi inanıyor olursa olsun körü körüne inanmayın. Dini kitaplarda yazdığı için, deneyimli insanlar söylediği için ya da gelenekleriniz bunu gerektirdiği için inanmayın. Gözlem ve analiz yapın. Düşündüğünüz şeyin sebeplerini araştırın ve olası sonuçlarıyla ilgili çıkarımlarda bulunun. Deneyimleyin ve kendi deneyimlerinizle öğrenin."

Zihnini hep uyanık tut.

"Sağlıklı olabilmek, gerçek mutluluğa ulaşabilmek ve huzuru bulabilmek için zihninizi kontrol edebilmelisiniz. Kontrol edemediğiniz bir zihin sizi kendi karanlığına çeker ve bilgeliğe ulaşmanızı engeller."

Cehalet ne güzel şey.
Hep kendinden emin oluyorsun...

Beni bir sal da!

Güzel olan şeyleri mahvetmekte çok marifetliyiz ne yazık ki. Hele kıymet bilmemekte hiç üstümüze yok.

Yanı başımızdayken pamuklara sarıp sarmalayıp değer vermemiz, korumamız, tadını çıkarmamız gereken her kim ve ne varsa elimizden kayıp gittikten sonra farkına varmamız da bir o kadar trajikomik. Konu neyin kıymetini bilememek olursa olsun, elimizden uçup gidince kıymet bilmeye başlıyoruz. Nereden çıktı bu şimdi diyeceksiniz.

Bir haber izliyorum da. Salda Gölü'nün öncesini ve son halini görenler ne demek istediğimi daha iyi anlayacaklardır. "Buraya bir çivi dahi çaktırmayacağız" dendiği gün ne olacağı belliydi zaten sonunun. En son gördüğümde milli sporumuz mangalı icra eden birileri vardı gölün kenarında.

Birçok kuş türü için kışlama ve üreme alanı burası. Bitkiler açısından da bir o kadar zengin. Bitki ve kuş türlerinin yanı sıra Anadolu'ya endemik üç balık türü de Salda'da yaşıyor. Bakın, Kanadalı astrofizikçi Hubert Reeves yaramıza nasıl da tuz basıyor:

"Canlıların var olma hakkı tartışılamaz ve hiçbir canlının varoluşunu haklı göstermesine de ihtiyaç yoktur. 'Zararlı türler' ve 'zararlı otlar' sözleri, bitkilerin ve hayvanların bize hizmet etmek için var olduğunu ve üzerlerinde hiçbir sınır tanımayan bir hakka sahip olduğumuzu savunan, yüzyıllar öncesinden gelen bir önyargının yansımasıdır. Bu ifadeler benmerkezciliğimizin (ya da insan-merkezciliğin) cahilliğimizin ve dar görüşlülüğümüzün doğrudan ifadesinden başka bir şey değildir. Gerçekte, başka birçokları arasında bir türüz biz de, o kadar. Bu arada, yok olmalarından bütünüyle sorumlu olduğumuz, sayıları gittikçe artan, yeryüzünden silinmiş türlere bakacak olursak, doğanın dengesine ve yaşam çeşitliliğinin korunmasına zararlı tür nitelemesini, diğer tüm türlerden daha çok hak eden biz oluruz herhalde."

NASA'da çalışan bilim insanları Mars'taki Jezero Krateri'ne ayak basmadan önce nasıl bir ortam ile karşılaşacaklarına dair Dünya'dan örnekler ararken Burdur'daki Salda Gölü'nün bu kratere benzer nitelikler taşıdığını fark etmişler. Elin NASA'lısı bile ta oralardan farkına varmış değerinin, ama biz hâlâ doğayı katletmeye devam ediyoruz. Gerçi kıymet bilmemek bilinçsizce yapılır. Bilememek işte, adı üstünde. Kıymet bilmez, bilmez zaten kıymet bilmediğini. Ortada değer verilmesi gereken bir şey yoktur ona göre.

Hindistan'da Ganj ve Yamunasi, Yeni Zelanda'da Maoriler tarafından kutsal sayılan Whanganui Nehri ve birçok ülkede sayısız doğal miras koruma altına alınırken ülkemde bunlara rastlamamak üzücü.

Tuncelili ya da civarında yaşayan okurlarım eminim hak verecekler bana. İş gereği uzun süre Hozat, Pertek bölgelerinde bulundum. Bir ara aslen Tuncelili olan bir abimiz bölgeyi gezdirmek istemiş ve cennetten bir köşe diyebileceğim yerlere götürmüştü beni. Buralardan bir tanesi de güzelim Munzur'du. Munzur ile Pülümür Çayı, Bodrum sahillerini aratmıyordu diyebilirim. Türkiye'nin en büyük ve önemli milli parklarından biri olan Munzur Vadisi Milli Parkı'na yapılması planlanan 4 hidroelektrik santrali ve baraj projesi var diyordu abi. Projelerden birisi iptal olmuş, diğerleri içinse davalar hâlâ devam ediyordu en son. Bu projeler hayata geçse bütün güzellikleri ortadan kaldıracak ne yazık ki.

Sorun şu ki bunu idrak edecek seviyelere ulaşmak biraz meşakkatli bir süreç. Doğa sevgisinden, hayvan sevgisinden, hadi hepsini geçtim daha insan sevgisinden yoksun bireyler için bu anlayış seviyesini beklemek ne yazık ki imkânsız. Sen anlatırsın, ama onlar sorgusuz ezberlediği şeyleri tekrar etmekte ve anlamamakta ısrar eder. Çünkü:

Çoğu zaman cahillik bir tercihtir, eksiklik değil...

Neyse, Munzur Çayı kenarında mola verip çayımızı yudumlarken bizi gezdiren Ferhat Abi Munzur ile alakalı çok hoşuma giden bir efsane anlatmıştı:

Zamanın birinde bir pir yaşıyormuş. Tek evladı olan kızı bir gün ölmüş. Birkaç gün üst üste kızı rüyasına girmiş adamın. Yalvarıyormuş babasına: "Baba, mezarımı aç. Bir emanet var bende, gel onu al." Adam gördüğü rüyayı taliplerine anlatmış. Mezarı açmaya karar vermişler. Kızın tabutunun içerisinde bir çocuk şahadetparmağını emmekteymiş. Çocuğu almışlar hayretler içerisinde. Pir rüyasında tekrar kızını görmüş daha sonra. Kız, rüyasında babasına, "Çocuğun adını Munzur koyun" demiş.

Zaman su gibi akmış, Munzur yedi yaşına gelmiş. Tunceli'nin Ovacık ilçesindeki Koyungölü civarında yaşayan bir ağanın yanına, koyunları gütmek maksadıyla çobanlık yapmaya başlamış. Munzur'un ağası zamanı gelince hacca gitmiş. Ağası hacdayken Munzur bir gün ağanın hanımının yanına uğramış:

"Hanımım, ağamın canı sıcak helva ister. Helvayı yap da sana zahmet, ben kendisine götüreyim."

Hanım ağa şaşırmış. Sonra, "Zavallı çobanın canı helva çekiyor herhalde, doğrudan söylemeye de utanıyor. Bu yüzden ağasını bahane ediyor. Ben bir helva yapayım da yesin, yazıktır..." demiş. Helvayı pişirmiş, bir bohçanın içine koyup, Munzur'a:

"Al evladım götür ağaya, afiyetle yesin" demiş bozuntuya vermeden.

O sırada ağa hacda namaz kılıyormuş. Namaz sırasında selama dururken sağ yanında elinde bir bohça ile Munzur'u beklerken görmüş. Namazını bitirip Munzur'a seslenmiş şaşkın bir şekilde:

"Hoş geldin evlat, burada ne işin var? O bohçadaki de ne?"

"Ağam canın sıcak helva çekmiştir, getireyim dedim."

Ağa afallamış bir şekilde bohçayı açmış ve bakmış ki cidden içinde sıcacık helva duruyor. Hayretler içinde Munzur'a bir şeyler söyleyecekken Munzur ortadan kayboluvermiş.

Hac ibadetini tamamlayıp köyüne geleceği vakit köy halkı hacıyı ellerinde hediyelerle karşılayacaklarmış. Munzur'un hediye alacak gücü olmadığından koyunlarından bir miktar süt sağmış, bir çanağın içine koymuş ve bununla ağasını karşılamaya gitmiş. Köye vardığında herkes elini öpmek için sıraya girmiş. Ağa o sırada Munzur'u görmüş ve köylülere seslenmiş:

"Asıl hacı Munzur'dur. Öpülecek bir el varsa, o da Munzur'un elidir."

Elini öpmek için ağa, Munzur'a doğru yönelmişken bizim çoban atılmış hemen:

"Ağam, yapma Allah aşkına! Böyle şey mi olur? Ben yıllarca senden gelen rızıkla büyüdüm. Nasıl olur da elimi öptürürüm?"

Sözlerini bitirir bitirmez de kaçmaya başlamış. Munzur önde, ağa ve yanındakiler arkada başlamış bir kovalamaca. Şimdiki Munzur Irmağı'nın çıktığı yere geldiklerinde Munzur'un elindeki süt dolu çanak dökülmüş ve sütün döküldüğü yerde, süt gibi bembeyaz bir su fışkırmış. Munzur kırk adım daha atmış. Fışkıran bu sulardan bir ırmak oluşmuş. Munzur'un arkasından kovalayanlar bu ırmaktan öteye geçememişler. Bir daha da Munzur'u gören olmamış.

Efsane bu ya, biz özüne bakalım. Neden efsaneleştirilmiş Munzur? Varlıklı ve sözü geçen kişilerin değil bir çobanın da keramet sahibi olabileceğini; çoban da olsa Allah'ın sevgisine mahzar olabileceğini, temiz yürekli, imanlı ve iyi bir insan olabileceğini ispatlamış çünkü.

"*Hal* iledir, *kal* ile olmaz" derler.

İki sözcük de Arapçadan geçmiştir dilimize.

Hal, *davranış*; kal, *söz* demektir.

Kişinin ne olmak istediğine değil, ne olduğuna dikkati çeker.

İlişkiler emek ister, fedakârlık ister, icraat ister, gösteriş değil. Davranışa yansımayan hiçbir şeye inancın kalmaz, şatafatlı sözler çünkü bir yere kadardır. "Heba" olur tüm beklentilerin. Heba Arapçada "toz" anlamına gelir. Umutların toz olur. Dünyanın en güzel cümleleri de kurulsa sadece karşında ne gördüğüne bakarsın, fazlasına değil.

İnsanların ne söylediğine değil, ne yaptığına, sizin için nelerden vazgeçtiğine bakın. Doğru insanı o zaman anlarsınız. Çünkü onunla olmak, evinde olmak gibidir.

Hayatı yaşamanın iki yolu vardır:
Biri hiçbir şeyin mucize olmadığını düşünmek,
diğeri her şeyin mucize olduğunu düşünmektir.

– Einstein

Farklı gözlere sahip olmak

Yaşlı bir mürşit, insanları irşat için kendisinden izin isteyen müridine, yeteri kadar pişmediğini söyleyip izin vermemiş. Ona göre müridi, "farklı gözlere" sahip olmalıymış.

Delikanlı söylenenleri anlamamış. Ona göre gözleri çok keskinmiş ve her şeyi görüyormuş. Bu yüzden de rahatsızmış duyduklarından.

Yaşlı adam durumu fark edince:

"Farklı gözlere sahip olmak zordur..." demiş. "Git ve dünyayı dolaş. Ne zaman bir süt ırmağı bulursan, o zaman yanıma gel, icazet vereceğim."

Delikanlı bu sözleri duyduğunda kendini bir masal kahramanına benzetmiş. Yaşlı adamın böyle bir ırmaktan söz etmesi hiç de mantıklı gelmiyormuş. Ona göre mürşidi, sütten başka bir içecek içmediğinden, süt akan bir ırmağı rüyasında görebilirmiş.

Bu duygularla kıvranıp dururken, en sonunda kalbinin sesini dinlemiş. Ve o güne kadar aldığı terbiye gereğince, "Bu işte bir hikmet vardır!" deyip yola koyulmuş. Dere tepe düz gitmiş günler boyu. Her önüne çıkana o ırmağı sormuş.

Genç adamın aradığı şeyi duyanlar, ona bir meczup gözüyle bakmaya başlamışlar. "Ne de olsa tekkedendir" diyerek hoş görmüşler. Böylelikle aylar geçmiş aradan.

Delikanlı, geri dönmekten korkuyormuş. "Süt ırmağı" denilen şey eğer gerçekse, onu bulma ümidini kaybettiğinden, mürşidinin yüzüne bakmaktan utanıyormuş. Ama ırmak bir hayal ürünüyse, bu sefer de ona güven duymayacakmış.

Delikanlı günler boyu kara kara düşünmüş. İşin içinden bir türlü çıkamıyormuş. Sonunda hayali bir ırmağı bulmaktan ve farklı gözlere sahip olmaktan vazgeçmiş. Ona göre eve dönmek tek çıkar yolmuş. Babasıyla birlikte meyve yetiştirir, çiftçilik yapar, hayvanları otlatarak geçinirlermiş.

Bu düşüncelerle en nihayetinde evin yolunu tutmuş. Kestirmeden köye ulaşmak maksadıyla, dik bir dağa tırmanmaya başlamış. Fakat birkaç gün boyunca bir şey yemediğinden, nefesi daralmış. Başı bir değirmen taşı gibi dönüyor, önünü bile görmekte zorlanıyormuş. Tam bayılacak gibiyken bir ağacın altında yaşlı bir adam görmüş. Biraz ilerde ise birkaç tane koyun ve kuzu otluyormuş. Son bir gayretle oraya yönelmiş.

Yaşlı adam sanki onu bekler gibiymiş. Heybesinde ne varsa, birer birer onun önüne sermiş, "Buralarda ne işin var?" diye sorarken.

Delikanlı suskun kalmış, gıybetten korktuğundan. Ne bir ırmaktan bahsetmiş ne de iyice yaşlanan tekke şeyhinden. Sadece farklı gözlerden söz açmış, gözlerini ihtiyardan kaçırmaya çalışıp.

Yaşlı adam yumuşak bir ses tonuyla:

"İlk bakışta bütün gözler aynıdır..." demiş. "Ne yazık ki çoğu insan sadece bakar. Farklı gözler çok azdır. Onlar görürler."

Delikanlı birkaç örnek beklemiş ihtiyardan. Yaşlı adam sanki onun kalbini okur gibi:

"Biraz önce ne yedin?" diye sormuş. "Ne gördün yemeğinde?"

Delikanlı hemen saymış: "Biraz ekmek, biraz peynir, zeytin ve soğan."

"Sen sadece onlara bakmışsın..." diye atılmış ihtiyar. "Eğer dikkat etseydin, senin gibi milyarlarca insanın ve sayısız canlının aynı anda beslendiğini görecek ve bu muhteşem ziyafeti vereni bulacaktın."

Şaşırmış delikanlı duyduklarına. Gözlerinden bir perde kalkmış sanki. Yaşlı adam:

"Biraz önce titriyordun, değil mi?" demiş. "Başın da dönüyordu. Ama şimdi tamamen şifa buldun. Belki de aynı anda, senin gibi milyonlarca canlı da şifa buldu. Eğer biraz farklı gözle bakabilseydin, bu dünyayı mükemmel bir hastane görür, şifa veren kudreti fark ederdin."

Bir perde daha kalkmış genç müridin gözlerinden. Adam ilerideki kuzuları gösterip:

"Süt emen bir kuzuya baktığında, insanlar dahil, bütün yavrulu annelere hediye edilen sütü düşünmelisin..." diye devam etmiş. "O takdirde birkaç yudum değil, belki sütten bir ırmak göreceksin."

Görmek, tespit etmek değil anlamlandırmak demek. Ama çoğumuz baktığımızda gördüğümüzü zannediyoruz. Hatırlarsanız ilkokulda, ortaokulda kaçınılmaz olan bir kompozisyon konusuydu *bakmak* ile *görmek* arasındaki fark. O zamanlar anlamlandırmak zordu, evet. Aslında en saf haliydi bakışların, en katışıksızıydı. Çünkü hayal gücümüzün çokluğuna oranla yaşanmışlığımızın azlığı yüzünden baktıklarımızla gördüklerimiz arasında bir uçurum yoktu.

Peki, büyüyünce ne oldu? Hem fiziki hem manevi anlamda aradaki perdeler giderek arttı. Dünyanın neresinde, hangi kültür ortamında, doğudan batıya hangi inanç bütününde olursa olsun dinden edebiyata, sanata ve hatta mitolojiye kadar her alanda görmenin bazen doğrudan, bazen dolaylı olarak engellendiğini, merkezden çıkarılmaya çalışıldığı, örtünmenin (setr/tesettür), ar perdesiyle/sır perdesiyle kapatmanın ya da çeşitli cezalandırmalarla gözün iktidarını kırmanın yollarının arandığına şahit olduk.

Günümüzde kullandığımız "tiyatro" sözcüğü "teatron"dan gelmektedir. Antik tiyatro mimarisinde basamakların adıdır bu ve "bakılan yer" anlamına gelir. Türkçede "kuram" diye kullandığımız "teori" sözcüğü de "theoria"dan gelmiştir ve bakınmak, seyretmek ve gözlemek anlamlarındadır.

Hem Batı edebiyatında hem Doğu edebiyatında da bakmak ve görmek tehlike arz eder niteliktedir çoğu zaman. Hatta Doğu kültürüne yaklaştıkça bakmak nazardır, yani tehlikeli sonuçları olan bir eylemdir göze ya da nazara gelmek. Hatta bazı dinlerde "iki gözle bakmanın" zina olduğu düşünülür.

Mitlerde de bakmanın ve görmenin tehlikesi üzerinde durulur. Kâhin Tiresias'ın kör oluşu örneğin, onun, "görmemesi gereken bir şeyi görmesine" dayandırılır. Athena'yı yıkanırken, çırılçıplak görür Tiresias. Bunun bir bedeli olacaktır elbet. Gözleri kör olduktan sonra ise bir kâhine dönüşür, görülemeyecek olanları önceden gören bir kâhine.

Kassandra'nın Apollon tarafından cezalandırılmasında da görmek laneti yatar. Teoria'ya yani görme gücüne sahip Kassandra, yakın gelecekte olacak olayları haber verecek olsa da kimseyi inandıramayacaktır.

Birçok alanda görebilme yetisi, bu ister manevi ister fiziki anlamda bir yeti olsun, cezalandırılmanın, sürgün edilmenin ya da dışlanmanın nedeni olmuştur. Hatta arzuyu kışkırtan bir eylem olarak gösterilmiştir.

Neden yılan saçlı, keskin dişli Medusa'nın, gözlerine bakanı taşa çevirdiğine inandırılmıştır? Ya da neden Oidipus kendi gözlerini oyar? Kendini kör eden Oidipus, insanlığın körlüğünü görünür kılar bir bakıma.

Görmesini bilene her anda bir anlam yatar, her yerde bir mucize saklıdır. Zamandan, mekândan bağımsız yaşamayı başarabilince başlar asıl hikâye. Sabah uyandığında aldığın nefesin değerini idrak edince başlar. Sofrada önüne konan nimetler için toprağın, ekenin, biçenin, yetiştirenin ve yaratanın varlığını selamladığında başlar hikâye. Önce varlığının sonra tüm yaşadıklarının şükür mertebesine ulaşınca başlar asıl hikâye.

Kalp güzel olunca göz perdeyi kaldırır. Az şeye bakmak, çok şey görmek demektir. Görmek, o zaman görmektir büyük resmi. O zaman kalbinden geçen duygu ile zihninden geçen düşünce bir olur. Kâinatı, doğayı, insanı, hayvanı, bitkileri ve tüm âlemi ayrı ayrı hissedersin.

Ve o zaman elindeki sütten ırmak oluşturan Munzur'un ya da diyar diyar gezip sütten ırmağı arayan delikanlının yaşam anlayışına ulaşabilirsin.

Her yaşta bir şeyler öğrenilir

- Kendimi neşelendirmek istediğim zaman en iyi yolun başka birini neşelendirmeye çalışmak olduğunu öğrendim. Yaş: 13
- Kimsenin sır saklayamadığını öğrendim. Yaş: 17
- Ailemin beni sevmesi için daima mükemmel olmam gerekmediğini öğrendim. Yaş: 18
- Bir bebeğin evlilik sorunlarını çözemeyeceğini öğrendim. Yaş: 24
- Bir tartışmayı tatlıya bağlamadan yatağa gidilmemesi gerektiğini öğrendim. Yaş: 29
- Ne zaman acelem olsa, önümdekilerin acelesi olmadığını öğrendim. Yaş: 29
- İnsanın kendisinden daha sorunlu birisiyle evlenmemesi gerektiğini öğrendim. Yaş: 31
- İşyerinde romantik ilişkiler aranmaması gerektiğini öğrendim. Yaş: 31
- Bütün kadınların çiçek yollanmasından hoşlandıklarını öğrendim. Yaş: 33
- Evlilik yıldönümünü unutmamın bir facia olabileceğini öğrendim. Yaş: 44

- Çalıştırdığımız insanlara iyi davrandığımızda, onların da müşteriye iyi davrandıklarını öğrendim. Yaş: 49
- Eşinle tartışmada, ilk "Özür dilerim, kalbini kırdım, lütfen beni affet..." diyenin kazanan taraf olacağını öğrendim. Yaş: 51
- Küçük kararları aklımla, büyük kararları ise kalbimle almam gerektiğini öğrendim. Yaş: 52
- Bir toplantıda zekâmı ya da sohbetimi göstermek konusunda tercih yapmak gerektiğinde sohbeti seçmemin daha iyi olacağını öğrendim. Yaş: 53
- İnsanlara iyi davranmanın hiçbir maliyeti olmadığını öğrendim. Yaş: 66
- Para her şey değildir diyenlerin genellikle çok parası olan kimseler olduğunu öğrendim. Yaş: 66
- Gerçekten yaşamaya başlamak için emeklilik beklenirse, çok uzun bir süre beklenilmiş olunacağını öğrendim. Yaş: 67
- Seven, sadık bir eşin, bir erkeğin en değerli hazinesi olduğunu öğrendim. Yaş: 68
- İyi kalpli olmanın mükemmel olmaktan daha önemli olduğunu öğrendim. Yaş: 70
- Bir tartışmayı tatlıya bağlanmadan yatağa gidilmemesi gerektiğini öğrendim. Yaş: 73
- Bir domuza ve bir çocuğa istedikleri her şeyi verirseniz sonuçta çok iyi bir domuzunuz ve çok kötü bir çocuğunuz olacağını öğrendim. Yaş: 77
- Kiminle evleneceğin kararının hayatta verilen en önemli karar olduğunu öğrendim. Yaş: 95

– Jackson Brown, *Şu Hayatta Neler Öğrendik Neler*

Bu da geçecek, hepsi gibi.
Dilerim ki eksiltmeden, eksilmeden geçsin.
Bir bakacaksın ki eksildiğin yerlerinden çiçek açacaksın
Daha da güçlenerek kalkacaksın ayağa.
Bitmez dediklerin bitecek
Olmaz dediklerinin başrolünde bulacaksın belki kendini.
Nefret ettiklerini silecek, silkinip, yeter diyeceksin.
Unutma. Farkında olduğun için vardı onlar
Vazgeçtiğin için bugün yok olacaklar.
Ama emin ol geçecek.
Seni yaralayan her şey, herkes geçip gidecek.
Biraz zaman, biraz sabır, biraz da inanmak gerek.

Güneş bile vaktinden
önce doğmuyor.
Biraz sabır.

Hâlâ e-posta kullanmayan var mı!

Hikâye bu ya; bir gemi okyanusun ortasında su alıp batıyor. Gemiden sağ kurtulan bir adam yakınlarda bir adacığın farkına varıyor ve zorbela kıyıya ulaşıyor. Sağ salim adaya ayak basan adam Allah'a şükrediyor. İlk şoku atlattıktan sonra, geceyi geçirebileceği bir kulübe yapıyor kuru dallardan ve yapraklardan. Enkazdan sahile vuran yiyecek giyecek benzeri işe yarar ne varsa onları da kulübeye koyuyor ve ümit içinde başlıyor beklemeye. Adadaki ikinci günü olmasına rağmen ne gelen oluyor ne de giden.

Günler haftalar derken adam zar zor hayatını idame ediyor. Her gün dua edip ufku gözlüyor. Bir gün adada keşfettiği tatlı su pınarına gidiyor. Geri döndüğünde kulübenin alevler içinde yandığını görüyor. Yiyecek, barınacak her şeyi kül oluyor. Keder ve öfkeden donakalıyor. Zavallı adam her an dua ettiği halde başına gelen olaylara daha fazla dayanamıyor ve isyan ediyor.

Bu duygular içerisinde, kulübeden dumanlar yükselirken, bir ağacın altında yorgunluktan uyuyakalıyor. Kâbus gibi geçen gecenin sabahında keskin bir sesle irkiliyor. Adaya yaklaşmakta olan bir gemi düdüğünü çalıyor. Adamcağız bitkin bir halde kıyıya doğru yanaşıp yardım çığlıkları atıyor ellerini sallarken. Gemidekiler adamı fark edip kurtarıyorlar.

Şaşkınlığını üzerinden atan adam bir süre sonra gemidekilere soruyor: "Çok teşekkür ederim beni kurtardığınız için. Benim bu adada olduğumu nasıl anladınız?" Kaptanın cevabı adamı şaşırtan ve utandıran cinsten oluyor: "Dumanla verdiğiniz işareti gördük efendim."

Eskiden sıkıntılı bir durum yaşasam hayıflanırdım. Ama zaman insanı olgunlaştırıyor. Belki umut ettiklerimizle hayatın bize sundukları her zaman aynı olmuyor ama dünyayı neredeyse cehenneme çeviren sıkıntıların sonunda güzellikler getirebileceğini öğretiyor. Bunu hamakta oturmuş, elimde kahve fincanı, yan gelip yatarken yazmıyorum inanın. Son dönemlerde ben de herkes gibi sıkıntılar yaşadım, yaşıyorum. Bu satırları işinden istifa etmiş, hayal ettiği başka bir yaşantı için yeni bir yolculuğa hazırlanan Kinsun olarak yazıyorum mesela.

İlişkilerimizde, aile yaşantımızda, evliliğimizde, iş yaşamında bazen talihsizlikler olabiliyor. Hatta hiç olmadığınız kadar hayalinizdeki sizden uzak olabiliyorsunuz. Cümleyi bu durumlarla nokta ile değil umut ile bitirmek gerek. Sorunları sevgiyle ve sabırla karşılamak gerek. Oturup öyle beklemek değil elbet, mücadeleye devam etmek de gerek. Yeter ki insan ne aradığını bilsin.

Sakıp Sabancı'nın sarf ettiği cümleler biraz ışık olsun bize:

"Lise talebesiydim. Ağır hastalık geçirdim. Tedavi üç yıl kadar sürdü. İlaçlar ve annemin şefkatli bakımı ile çok kilo aldım.

Adım Şişko'ya çıktı. Arkadaşlarımdan üç yıl geri kaldım. Yaşım on yedi, on sekize vardı. Okula gitmek istemedim. 'Ben çalışacağım...' dedim. Babam anlayış gösterdi, öylece çalışma hayatına atıldım.

Hastalık araya girip de okuldan kopunca artık kendimi kocaman bir adam görüyorum ve 'Ben çalışacağım...' diyorum. Yani çalışmaya hazırım, istekliyim ve babamın göstereceği her işi başaracağıma inanıyorum. Yani ortam hazır, ben hazırım.

Demek ki insanoğlu uygun bir ortamda önüne çıkan fırsatı değerlendirmeye hazır oldu mu hayatına bir yön verebiliyor. Bunda tesadüfün, şansın, kaderin rolü olduğu kadar; içinde yaşanılan ortamın, sahip olunan değer yargılarının da rolü var. Fırsattan yararlanmaya hazır olacaksınız.

İlimde de bu böyle değil mi? Laboratuvara kapanmışsınız, deney üstüne deney yapıyorsunuz. Kütüphaneye kapanmışsınız, kitap üzerine kitap deviriyorsunuz. Neyi aradığınızı biliyorsunuz. Hedefiniz belli, hazırlığınız tamam. Aradığınızı bulacaksınız. Düşündüğünüzü yazacak, yaratacaksınız. Çünkü hazırsınız.

Hayatta tesadüf, fırsat, şans ancak onlardan yararlanmaya hazır olanların işine yarayabilir. Dikkatli, hevesli, çalışkan, sabırlı ve bir gayesi olan insan, tesadüfleri değerlendirebilir, fırsatları yakalar ve şansı kaçırmaz."

O kadar çok örnek var ki. Öyküler hep değişir ama hepsi aynı şeyi çalar: Umudun, inancın, sabrın kapısını. Ne zaman umutsuzluğa kapılırsanız "Sen anca köpeklerin, farelerin peşinden koş!" diye fırça atan bir babaya sahip Charles Darwin gelsin aklınıza. Ya da düşkünlerevinde büyümek zorunda kalan Charlie Chaplin. "Karşınızda başarısız bir müzisyen var. Çocukluğumda en büyük hayalim müzisyen olmaktı..." diyen Cem Yılmaz gelsin. Ampul üretmeye çalışırken 10.000 kez başarısız olduktan sonra amacına ulaşan Thomas Edison... İkna olmadıysanız bundan birkaç yıl önceki siz aklınıza gelsin. Unutulmayacak acı, üstesinden gelinmeyecek hiçbir başarısızlık yok bu hayatta.

Mevlana'nın sözü kulağımıza küpe olsun:

"Ey burnu kanasa hemen kadere küsüp yüzünü ekşiten! Gülden hiç ders almıyor musun? Bütün yapraklarını tek tek yolsan, gül yine de gülmekten vazgeçmez. Hale razı olmuş şükürdür. Gül de daimi bir şükür makamındadır. Hem bilmez misin ki başına gelen sıkıntılar aslında daha büyük bir sıkıntıya set olur da başındaki belayı def ederler? O halde yüzün gülsün..."

Bugüne bakıp ümitsizliğe kapılmak yerine yarına odaklanıp çabalamak akıllı insanın özüdür. Her doğum büyük bir sancı ile başlar, ama hiçbir sancı kalıcı değildir. İçinden çıkılmaz sandığımız sıkıntıları bir misafiri karşılar gibi karşılamak gerek. Sıkıntılar misafirdir, gelir ve gider. Mesele gönderenin hatırına misafire sabretmektir. Misafirliğin de kısası makbuldür elbet. Bunun için de çabalamak ve inanmak, tevekkül kapısını sabır tokmağıyla çalmak gerek.

Her şeyi kaybedebilirsin bu hayatta elinde olmadan, ama kendini asla kaybetmemelisin. Öyle bir lüksün yok. İçinden ne geliyorsa onu yap. Hüngür hüngür ağla, üzüleceksen üzül. Hangi duyguyu yaşıyorsan onun da hakkını vererek yaşa ve bitmesine izin ver. Direnme ve sonunda kalk ayağa.

Aslında "Şüphesiz güçlükle beraber bir kolaylık vardır" der İnşirah-5. Her sıkıntıdan "sonra" demez, sıkıntıyla "beraber" der. Aydınlık oradadır zaten, anda, zorlukla birlikte. Her anda bir iyi saklıdır, görmek için çabalamalıyız sadece.

Bu, bahsettiğim sıkıntılar.

Bu da neşeli, huzurlu günler.

İyinin içindeki kötü.

Kötünün içindeki iyi.

Ve bu da hayatın kendisi.

Müsaadenizle size gerçek bir yaşam hikâyesinden bahsedip bitireceğim:

Bir adam Microsoft şirketinde tuvalet temizleyiciliği yapmak için iş başvurusunda bulunuyor. İnsan kaynakları yöneticisi ile görüşmeye gidiyor. Mülakattan sonra tıkanmış bir lavaboyu temizleyip testten geçiyor. İK yöneticisi adamın mülakatı başarıyla geçtiğini, işbaşı yapması için gereken bilgileri kendisine e-posta ile göndereceğini iletiyor. Adam, bilgisayarı olmadığını ve e-posta kullanmadığını söylüyor. Yönetici şaşkın: "Üzgünüm ama Microsoft'a geliyorsunuz ve e-mailiniz bile yok. Siz sanal olarak da var sayılamazsınız. Bu şartlarda sizi işe alamayız."

Adam anlam veremese de ayrılıyor üzgün bir şekilde. İşsiz geçen günlerin ardından, "Ne yapsam, ne etsem!" diye düşünürken cebinde kalan son 10 dolar ile 20 kilo kiraz alıyor. Kapı kapı dolaşarak tüm kirazları 2 saat içinde satıyor ve sermayesini 2 katına çıkarıyor. "Bu şekilde ekmek paramı kazanabilirim" diyerek her sabah erkenden kalkıyor ve kiraz satmaya devam ediyor aynı şekilde. Bir süre sonra küçük bir kamyonet alıyor ve satışa böyle devam ediyor. Devamında da büyük bir kamyon ve birkaç küçük kamyonet alıyor.

Çok uzun değil, aradan yaklaşık 5 sene geçiyor. Adam Amerika'daki en büyük nakliyat şirketlerinden birinin sahibi şu an. Bir gün tüm aile bireylerine sigorta yaptırmak için sigorta şirketine gidiyor. Aynı şekilde kendisinden bir e-mail adresi isteniyor. E-mail kullanmadığını söylediğinde sigortacı şaşırıyor: "İlginç, e-mailiniz olmadan koca bir holding kurmuşsunuz. Bir de e-mailiniz olsaydı neler yapardınız kim bilir!" diyor.

Adamın cevabı ders niteliğinde oluyor: "E-mailim olsaydı şu an da Microsoft'ta tuvalet temizliyordum."

Bakara 216. ayete kulak verin:

> *"Olur ki, bir şey sizin için hayırlı iken, siz onu hoş görmezsiniz. Yine olur ki, bir şey sizin için kötü iken, siz onu seversiniz. Allah bilir, siz bilmezsiniz."*

Bu not sana:
"Zor zamanlardan
güçlenerek çıkacaksın."

Zor zamanlarda şunu aklından çıkarma:

- En büyük destekçin yine "sen"sin. Kendine yabancılaştığın an yenilgiyi çağırdığın zamandır. Önce sen, önce sen. Kendini sev.
- Kendi kendine yetebilmen elbet olmazsa olmaz. Ama bu yalnız şövalye olman gerektiği anlamına gelmiyor. Bazen sorunlarını tek başına çözemeyebilirsin. Seni bir adım geriye çekip büyük resmi görmeni sağlayacak insanlardan yardım istemekten çekinme.
- Zorluklar da hayatın bir parçasıdır. Onlara direnme, kabul et.
- Öldürmeyen acı insanı güçlendirir, deneyim sahibi yapar ve olgunlaşırsın.
- Şükredecek bir şeyler her zaman vardır. Önemli olan senin ne aradığın.
- Yaşadığın süreç ilk de değil, son da. Ve hiçbir şey sadece senin başına gelmiyor.

- Mağdur rolünü oynamak kolayına geliyor biliyorum. Acıların çocuğu gibi hissetmek zorunda değilsin. Belki de yeni bir bakış açısı her şeyi değiştirebilir.
- Suçlamak, çözüm bulmaktan çok daha kolaydır her zaman. Çözümün bir parçası ol, hatta çözümün kendisi ol. Çünkü sorumluluğunu almadığın hiçbir şeyi değiştiremezsin.
- Hiçbir başarı damdan düşer gibi gelmez. Aceleci olma. Güzel şeyler biraz zaman alır.
- En büyük korkuların aslında hiç olmayanlardır. Geçmişle, bugünle yüzleşmeyi dene. Kendinle yüzleş, gereksiz ve asılsız korkularını keşfet.
- Evrendeki her şey dinamiktir, sürekli değişmektedir. Her şeyin değiştiğini unutma. Akışa dahil ol. Biraz bekle ve her şeyin düzene girmesine izin ver.
- Sakin ol. Her şeyin mümkün olduğunu kabul et. Yaşama minnet duy. Mucizelere inan ve onları kucakla.

Sizce hangisi mutlu bir aile?

Cevap Anahtarı:

1 Numaralı Resim

Aile merkezli bir yapınız yok denebilir. Değer verdiğiniz kişilere, ailenizden biriymiş gibi davranır ve onlara yardımcı olmaktan mutlu olursunuz. İhtiyacı olan insanların yardımına koşar ve mutlu olmaları için çabalamaktan zevk alırsınız. Bunun bir nedeni de belki güçlü bir baba figüründen uzakta büyümeniz olabilir.

2 Numaralı Resim

Çok güçlü bir aile bağına sahip olduğunuz söylenebilir. Aile bu hayattaki en önemli şey sizin için. İlişkilerinizi güven ve bağlılık odaklı yaşamayı seviyorsunuz. İstikrarlı ve kalıcı ilişkilere inanıyorsunuz. Ailenizin ihtiyaçlarını ilk sıraya koyuyorsunuz, hatta bazen onları mutlu edebilmek adına kendinizi bile görmezden geliyorsunuz.

3 Numaralı Resim

Büyük ihtimalle ilgisiz bir ailede büyüdünüz. Belki de insanlara güvenmekte zorluk çekmenizin asıl nedeni geçirdiğiniz travmatik çocukluk dönemidir. Genellikle karamsar ve kendi halinde bir yapınız var. Bu nedenle diğer insanlarla iletişim kurmak sizin için kendinize meydan okumadır. Gelecek hakkında yaşadığınız endişeler gözünüzün önündeki firsatları kaçırmanıza sebep olabilir.

Sizce vazoyu kim kırdı?

Cevap Anahtarı:

1 Numaralı Resim

Sorumluluk sahibi bir kişiliğiniz var. Etrafınızdaki her şey ve herkes için oldukça duyarlısınız. Sevdikleriniz için fedakârlık yapmaktan çekinmiyorsunuz. Sevdiklerinizi korumak için risk almaya, mutlulukları için kendi mutluluğunuzdan vermeye yatkın bir yapınız var.

2 Numaralı Resim

Vicdan sahibi bir insansınız. Önyargılar size göre değil. İnsanları yargılamadan önce onları anlamaya çalışıyorsunuz. Çevrenizde yardıma ihtiyacı olan insanların her zaman ilk aklına gelen kişi sizsiniz.

3 Numaralı Resim

Duygularınızı, düşüncelerinizi fazla belli etmeyen bir yapınız var ve kendi faydanız için gizlemekte çok iyisiniz. Lider bir karaktere sahipsiniz. Problemlere içinde bulunulan koşulların değil, insanların neden olduğunu düşünüyorsunuz. Bu nedenle çevrenizdeki insanlara karşı temkinli yaklaşıyorsunuz.

4 Numaralı Resim

Çevresi tarafından güven duyulan bir insansınız. Sorumluluk almayı seviyorsunuz. Yaptığınız hatalardan ders çıkararak her gün daha iyi bir insan olmak için çabalıyorsunuz. Çevrenizdeki insanlara çok çabuk güveniyorsunuz ve oldukça hassas bir kalbiniz var.

Aşk testi

Cevap Anahtarı:

1. Yollar, aşka karşı tutumunuzu temsil eder. Kısa olanı seçtiyseniz, çabuk ve kolayca âşık olan birisiniz. Uzun olanı seçtiyseniz, aceleniz yok ve kolay kolay âşık olmuyorsunuz.

2. Kırmızı güllerin sayısı, bir ilişkide ne kadar fedakâr olduğunuzu gösterir. Beyaz güllerin sayısı, bir ilişkiden ne beklediğinizi gösterir. Örneğin, bir kişi iki beyaz gül ve kalanları kırmızıları seçerse, ilişkide %90 fedakârdır, %10 kadar da beklenti içine girer.

3. Bu soru, ilişki sorunlarıyla başa çıkma konusundaki tutumunuzu gösterir. Hizmetçiden sevdiğinizi çağırmasını istediyseniz, sorunlardan kaçmaya meyilli olabilirsiniz. Eğer sevgilinizin yanına doğrudan gittiyseniz, sorularla yüzleşir ve onunla mücadele etmeye, çözmeye meyillisiniz diyebiliriz.

4. Güllerin yerleşimi, erkek arkadaşınızı/kız arkadaşınızı ne sıklıkta görmek istediğinizi gösterir. Gülleri yatağa koymak, ilişkide çok fazla güvenceye ihtiyacınız olduğu ve mümkünse sevdiğinizi her gün görmek isteyeceğiniz anlamına gelir. Gülleri pencere kenarına yerleştirmek, sevdiğinizi çok sık görmeyi beklemediğinizi veya buna ihtiyaç duymadığınızı gösterir.

5. Erkek arkadaşınızı/kız arkadaşınızı uyurken bulmak, sevdiğinizi olduğu gibi kabul edebileceğiniz anlamına gelir.

Onu uyanık bulmak sevdiğiniz kişinin sizin için değişmesini bekleyeceğiniz anlamına gelir.

6. Kısa ve uzun yollar ilişkinizin süresini temsil ediyor. Kısa olanı seçerseniz, kolayca âşık olduğunuz anlamına gelir. Uzun olanı seçtiyseniz, uzun süreli bir ilişkide âşık kalma eğilimindesiniz.

1. History of Indian Education Hardcover – January 1, 2019 by Kawsar Hafeez (Author)

2. Jacques Dolers'in "Learning: the Treasure Within (1996)"

3. Susan Mendus'tan aktaran Zygmunt Bauman, *Modernlik ve Müphemlik*, s. 18

4. Karl Popper, 1945 tarihli *Açık Toplum ve Düşmanları* başlıklı kitabında

5. İoanna Kuçuradi, "Freedom and Social Freedom", Freedom, Progress and Society, Delhi, 1986

6. *Hoşgörü ve Eğitim*, Yayıma Hazırlayan: Prof. Dr. Bekir Onur, Türk Eğitim Derneği Yayınları, 1995

7. *Şu Hayatta Neler Öğrendik Neler*, Jackson Brown Oğlak Yayınları

8. www.psychologicalscience.org

9. *Hatasız Düşünme Sanatı*, Rolf Dobelli

10. Louie, TA; Rajan, MN; Sibley, RE (2007). "Pazartesisabah oyun kurucuyla mücadele: Karar verme ortamlarında geriye dönük önyargı uygulamaları." Sosyal Biliş. 25 (1): 32–47. doi: 10.1521 / soco.2007.25.1.32

11. https://www.adultdevelopmentstudy.org

12. Triumphs of Experience: The Men of the Harvard Grant Study Paperback – May 4, 2015 by George E. Vaillant (Author)

13. Kaynak: Reinert, H. (1976). One Picture is worth a thousand words? Not necesessarily. Modern language Journal. 60, 160-168.

14. Oğuz Saygın, Kişisel Değişim Stratejileri, 4x4 Kitap

15. *Aile ve Çocuk Eğitiminde Şiddet Sizsiniz*, Ekrem Acar

16. https://psychcentral.com

17. https://www.verywellmind.com

18. Ariely, Dan. *Predictably Irrational.* Harper Perennial. 2010.

19. Wiley AR. Bir çift olarak bağlantı kurmak: Sağlıklı ilişkiler için iletişim becerileri. *Aile ve Tüketici Sorunları Forumu 2017*

20. Chapman G. *5 Aşk Dili: Kalıcı Aşkın Sırrı.* Moody Yayıncılar: 2014

21. Thayer C, Anderson GO. Loneliness and Social Connections: A National Survey of Adults 45 and Older. AARP Research; 2018.

22. Hsieh N, Hawkley L. Loneliness in the older adult marriage: Associations with dyadic aversion, indifference, and ambivalence. *J Soc Pers Relat.*

23. *Erciyes İletişim Dergisi* | Ocak/January 2020 Cilt/Volume 7, Sayı/Number 1, 369-394

24. Cüneyd Suavi, *Hayatın İçinden 2*

25. Bülent Şener, *Kulağınıza Küpe Olsun*

26. Bronnie Ware, emekli olduktan sonra deneyimlerinden yararlanarak yazdığı "The Top Five Regrets of the Dying – A Life Transformed by the Dearly Departing"

27. https://themindsjournal.com/psychological-test

28. https://personalityquiz.net